पंडवानी

[महाभारत की एक लोक नाट्य शैली]

पंडवानी

[महाभारत की एक लोक नाट्य शैली]

निरंजन महावर

राधाकृष्ण

नयी दिल्ली पटना इलाहाबाद कोलकाता

संस्कृति विभाग, छत्तीसगढ़ सरकार के सहयोग से प्रकाशित

ISBN : 978-81-8361-678-2

पहला संस्करण : 2014

मूल्य : ₹ 500

प्रकाशक

राधाकृष्ण प्रकाशन प्राइवेट लिमिटेड
7/31, अंसारी रोड, दरियागंज, नई दिल्ली-110 002

शाखाएँ : अशोक राजपथ, साइंस कॉलेज के सामने, पटना-800 006
पहली मंजिल, दरबारी बिल्डिंग, महात्मा गांधी मार्ग, इलाहाबाद-211 001
36 ए, शेक्सपियर सरणी, कोलकाता-700 017

वेबसाइट : www.radhakrishnaprakashan.com
ई-मेल : info@radhakrishnaprakashan.com

मुद्रक

बी.के. ऑफसेट
नवीन शाहदरा, दिल्ली-110 032

PANDWANI : MAHABHARAT KI EK LOK NATYA SHAILY
by Niranjan Mahawar

आभार

श्री रमन सिंह

मुख्यमंत्री, छत्तीसगढ़

और

श्री अजय चंद्राकर

मंत्री, संस्कृति, पर्यटन, पंचायत, ग्रामीण विकास एवं संसदीय कार्य, छत्तीसगढ़

के प्रति, जिनकी विशेष रुचि एवं मार्गदर्शन के बिना यह प्रकाशन संभव नहीं होता।

नारायणं नमस्कृत्य नरं चैव नरोत्तमम्।
देवी सरस्वती व्यासं ततो जयमुदीरयेत्।।

—महाभारत

पंडवानी कलाकार
झाड़ूराम देवांगन, तीजन बाई
और
पुनाराम निशाद को

बरणों निरंजन पुरूष प्रधाना। पुनः मुनिगुण के निधाना
हरिचरित्र कोउ भेदन पावहिं। कै भाषा संक्षेप कछु गावहि।
महामुनि जो व्यास बखाना। श्री भगवन्त चरित जिन जाना।
जनमेजय राजा अवतारा। धर्म रूप ऋष्मता कुमारा।।

—*महाभारत* : सबल सिंह चौहान

प्रस्तावना

महाभारत और भारतीय नाट्य परंपरा

भारतीय वाङ्मय में दो महान आख्यान प्रमुख हैं : रामायण और महाभारत। इन दोनों महाकाव्यों का जितना गहरा प्रभाव भारतीय मानस पर है उतना किसी अन्य ग्रन्थ का नहीं। लगभग दो सहस्त्राब्दियों से भी अधिक समय से ये दोनों महाकाव्य भारतीय चिंतन, मानस, दर्शन एवं सामाजिक नीति एवं व्यवस्था को निरंतर प्रभावित करते रहे हैं। भारतीय साहित्य, काव्य, मिथक, इतिहास, नृत्य, नाट्य, चित्रकला एवं समस्त शिल्प कलाओं पर इन दोनों आख्यानों का गहरा प्रभाव दो सहस्त्राब्दियों से भी अधिक समय से निरन्तर देखा जा सकता है। इन दोनों आख्यानों ने अनेक कलारुपों के सृजन को प्रोत्साहित किया है। भारत में ही शास्त्रीय एवं वाचिक परम्परा में शतकों कलारूपों का आधार इन्ही दोनों आख्यानों में से अपनाया गया है। बौद्धिक, शास्त्रीय अभिजात्य कलारूपों के इतर लोक जीवन में भी सम्पूर्ण भारत में नृत्य, नाट्य, गायन, वाचन, कथा परायण आदि अनेक रूपों में भी लोक कलाकारों ने अपनी अपनी विधाओं में अनेक कलारूपों का विकास किया है।

कृष्ण चरित्र के दो पक्ष महाकाव्य और शास्त्रों में प्रमुखता के साथ वर्णित है : कृष्ण का बाल्यकाल और उनके द्वारा अपने बालकाल्य में की गई अनेक लीलाएं। इन लीलाओं में कारावास में कृष्ण जन्म से लगाकर कंसवध एवं उसके पश्चात उग्रसेन को मथुरा की राजगद्दी पर प्रतिष्ठित करने तक की लीलाएं सम्मिलित हैं। इन लीलाओं में अनेक दैत्यों के वध के साथ ही कृष्ण का गोपियों और विशेष रूप से राधा के साथ रहस्यमय एवं गूढ़ प्रेम एवं लीलाएं सम्मिलित हैं। कृष्ण का दूसरा पक्ष महाभारत से सम्बन्धित है, कृष्ण के इन दोनों रूपों से सम्बन्धित नाट्य रूप

विद्यमान हैं। इनके बाल्यकाल से सम्बन्धित 'रहस' अथवा 'रहसलीला' नाट्य है जो छत्तीसगढ़ में शिवनाथ नदी के उत्तर में बिलासपुर, दुर्ग, कवर्धा जिलों में मुख्यरूप से प्रचलित है। इस नाट्य रूप को 'रतनपुरिया रास' भी कहते हैं।

कृष्ण चरित्र का दूसरा नाट्य रूप महाभारत पर आधारित है, जो महाभारत अथवा पंडवानी के नाम से प्रचलित है। पंडवानी एक पात्रीय नाट्यरूप है। पंडवानी शब्द की व्युत्पत्ति पाण्डव और वाणी दो शब्दों को मिलाने से हुई है, जिसका अर्थ है पाण्डवों की कथा। पंडवानी का मूल कथानक तो महाभारत पर ही आधारित है, परन्तु पंडवानी कलाकार हिन्दी (अवधी) भाषा में रचित सबल सिंह चौहान के महाभारत का अनुकरण करते हैं। पंडवानी शब्द का प्रयोग मूल रूप से गोंड जनजाति के भाट परधान गोंड अपनी महाभारत सम्बन्धी गाथा के लिए करते हैं। परधान गोंड गाथा गायकों की गोंडजाति की ही एक उपजाति है। इनकी तीन गाथाएं तो इतनी विशाल है कि उन्हे लोक का महाकाव्य कहा जा सकता है। ये गाथाएं हैं : गोंडवानी, रामायनी और पंडवानी। इन गाथाओं को परधान गायकों ने सम्पूर्ण गोंडवाना में प्रचारित किया है। विन्ध्याचल से गोदावरी नदी तक और महाराष्ट्र के चन्द्रपुर से उड़ीसा के सम्बलपुर तक का क्षेत्र मुगल काल में गोंडवाना के नाम से प्रसिद्ध हुआ, जिसमें गोंड जनजाति निवास करती है। वास्तव में पंडवानी परधान गोंडों की महाभारत से सम्बन्धित गाथा का नाम है। यह गाथा वाचिक परम्परा में है। वे गाथाएं जो वाचिक परम्परा अथवा स्मृतियों में हैं, उन्हे छत्तीसगढ़ में कापालिक परम्परा कहते हैं। दूसरे अर्थ में कहें तो कापालिक शब्द का सम्बन्ध तान्त्रिकों की कापालिक परम्परा से नहीं होकर वाचिक परम्परा से है। कापालिक यहां पर वाचिक परम्परा का पर्याय है। जो साहित्य लिखित रूप में है उसे यहां वेद का पर्याय माना जाता है। अत: महाभारत का लिखित रूप वेदमती कहलाता है।

पंडवानी का एक पात्रीय नाट्य रूप सबल सिंह चौहान के हिन्दी महाभारत पर आधारित है, जिसे ये पंडवानी कलाकार सबल सिंह चौहान का 'गुटका' कहते हैं। यह नाट्यरूप परधानों की वाचिक परम्परागत पंडवानी पर आधारित नहीं है। परधान पंडवानी का प्रलेखन प्रथम बार सन् 1962 में हुआ था और उसी वर्ष उसका प्रकाशन भी हुआ। इस कार्य को स्वर्गीय श्री शेखगुलाब ने डाक्टर टी.बी. नायक के मार्गदर्शन में संपन्न किया और श्री नायक ने इस लोक महाकाव्य का प्रकाशन दो खंडों में

'मध्यप्रदेश ट्राइबल रिसर्च इन्स्टीट्यूट', छिंदवाड़ा की ओर से किया। शेखगुलाब आदिमजाति कल्याण विभाग में शिक्षक थे और आदिवासी संस्कृति के अध्येता थे।

जैसा कि आरंभ में ही उल्लेख किया गया है कि रामायण एवं महाभारत भारतीय साहित्य के दो महानतम आख्यान हैं, जिन्होंने दो हजार वर्षों से भी अधिक समय से भारतीय समाज को संस्कारित करने का कार्य किया है। भारतीय समाज के मानस पर इनका गहरा प्रभाव है। इन दोनों महाकाव्यों का भारतीय मानस पर इतना गहरा प्रभाव है कि इनके कारण महाभारत और रामायण के अनेक पाठान्तर भारतीय भाषाओं में किए गए हैं, जो परिश्रवण होकर आदिम जनजातियों तक में पहुंच गए हैं। अनेक प्रयोगशील (Performing Arts) कलारूपों के श्रोत महाभारत की कथाओं और आख्यानों में ही उपलब्ध हैं। "महाभारत का रचनाकाल ईसापूर्व चौथी शताब्दी से चौथी शताब्दी इस्वी के बीच माना जाता है। यदि महाभारत ईसापूर्व छठवीं शताब्दी से ईसापूर्व चौथी शताब्दी के मध्य अस्तित्व में रहा होगा तो उसके विषय में बुद्ध के अपने क्षेत्र में वह अल्पज्ञात था। महाभारत का वर्तमान स्वरूप में विकास शनैःशनैः हुआ। ईसापूर्व चौथी शताब्दी के पूर्व महाभारत के अस्तित्व में होने का कोई प्रमाण उपलब्ध नहीं है।"[1]

महाभारत न तो एक व्यक्ति द्वारा रचित है और न ही उसकी रचना एक समय में हुई है। इस ग्रन्थ में ऐसी अनेक कथाएं सम्मिलित हैं जो अन्य दूसरे ग्रन्थों में भी उपलब्ध है। विद्वान मॉरिस विन्टरनिज ने प्रश्न उठाया है, "महाभारत क्या है? इसे हम सीमित अर्थ में एक काव्य या महाकाव्य कह सकते हैं। परन्तु यथार्थ में यह ग्रन्थ एक महाकाव्य न होकर सम्पूर्ण साहित्य है।" महाभारत भरतजनों के आपसी युद्ध की एक महान गाथा है। ऋगवेद में इस जाति का उल्लेख एक योद्धा जाति के रूप में किया गया है। ब्राह्मणग्रन्थों में हमें भरत का उल्लेख दुष्यन्त और शकुन्तला के पुत्र के रूप में मिलता है, जो भरतवंशीय राजाओं के पूर्वज थे।

यजुर्वेद में कौरव और उनके देश कुरूक्षेत्र का उल्लेख मिलता है। महाभारत की कथा का मूल आधार कौरव वंश के पारिवारिक संघर्ष पर आधारित है, जिसके परिणाम स्वरूप एक रक्तरंजित युद्ध हुआ था। वह युद्ध इतना भयानक था कि जिसके कारण प्राचीन कौरववंश का तथा उसके साथ ही भरतवंश का सर्वनाश हो गया।

---

1. मॉरिस विन्टरनिज

महाभारत की रचना तीन चरणों में हुई है। इस ग्रन्थ की मूल रचना कृष्ण द्वैपायन व्यास द्वारा की गई और उस समय इस ग्रन्थ का नाम 'जय' था। कौर पाण्डवों के बीच घटित महाभारत युद्ध के उपरान्त इस ग्रन्थ की रचना हुई थी, जिसमें 8,800 श्लोक थे। दूसरे चरण में इस ग्रन्थ का बद्रायण व्यास ने विस्तार किया था, जिसमें श्लोकों की संख्या बढ़कर 24,000 हो गई। उन्होंने इसे 'भरतसंहिता' नाम दिया। इस ग्रन्थ का उद्‌देश्य उनके द्वारा अपने विद्यार्थियों को शिक्षित करना था। इस ग्रन्थ के तीसरे चरण की रचना जन्मेजय और वैशम्पायन ने की और इस ग्रन्थ के श्लोकों की संख्या एक लाख तक पहुंच गई। इस स्वरूप में इस ग्रन्थ का नाम महाभारत रखा गया। 'हरिवंश' को इसके साथ लम्बे समय के बाद जोड़ा गया जो मूलग्रन्थ का 'खिल' अथवा परिशिष्ट कहलाता है। इस ग्रन्थ में कौरव एवं पाण्डवों के मध्य लड़े गये प्रख्यात युद्ध का सविस्तार विवरण प्रस्तुत किया गया है। इस ग्रन्थ को अठारह पर्वों में बांटा गया है, जो इस प्रकार हैं : आदि पर्व, सभापर्व, वनपर्व, विराट पर्व, उद्योग पर्व, भीष्म पर्व, द्रोण पर्व, कर्णपर्व, शल्यपर्व, गदापर्व, सप्तिका पर्व, शान्तिपर्व, अनुशासन पर्व, अश्वमेघ पर्व, आश्रमवासी पर्व, मोसल पर्व, महाप्रस्थान पर्व एवं स्वर्गारोहण पर्व। इस ग्रन्थ में अस्सी हजार से नब्बे हजार श्लोक थे, जिस रूप में इसकी रचना वैशंपायन ने की थी। उसके पश्चात सौति ने इस ग्रन्थ में और अनेक कथाएं जोड़कर इसका और अधिक विस्तार किया और ग्रन्थ का नाम 'महाभारत' रख दिया। इस रूप में यह ग्रन्थ हिन्दुओं का एक महत्वपूर्ण धर्मग्रन्थ बन गया।

आरंभ में महाभारत कुरूवंश की गाथा के रूप में था। इस गाथा का प्रथम बार आलेखन कार्य कृष्ण दैपायन ने किया था। उनके पश्चात उनके शिष्यों की कई पीढ़ियों ने इसके विस्तार की दिशा में निरंतर कार्य किया और क्रमशः विकास होते होते इसका यह स्वरूप बन गया, जो वर्तमान समय में हमें उपलब्ध है। महाभारत का वर्तमान में उपलब्ध स्वरूप लगभग इसी रूप में ईसा की चौथी शताब्दी तक स्थिर हो चुका था। ईसा की चौथी शताब्दी के पूर्व तक गाथा के रूप में यह कथा वाचिक परम्परा में अस्तित्व में रही होगी, परन्तु महाकाव्य के रूप में नही। इस ग्रन्थ का धार्मिक वैष्णय स्वरूप ईसापूर्व लगभग दूसरी शताब्दी में हुआ और इस ग्रन्थ की वैष्णय धर्म के महाकाव्य, धर्म, दर्शन एवं राजनीति एवं विधि के महाकोष के

रूप में स्थापना प्रथम एवं द्वितीय शताब्दी में हुई। महाभारत अपने आप में इतना व्यापक महाकाव्य है कि स्वयं वेदव्यासजी ने इसके विषय में कहा है कि विश्व का ऐसा कोई भी विषय नहीं है जो इस ग्रन्थ में न हो, और जो इस ग्रन्थ में नहीं है उसका अस्तित्व अन्यत्र भी नहीं है।

धर्मह्यथे च कामे च मोछे च भरतर्षम। यबिहास्ति
तदन्यत्र यन्नेहास्ति व तत् ववचित्।।

एक लाख श्लोकों की इस पद्यरूप संहिता को महान भारतीय महाकाव्य माना जाता है। इस महाकाव्य में कौरव पाण्डवों के मध्य युद्ध का वर्णन पौराणिक शैली में प्रस्तुत किया गया है। उस काल के धर्म एवं संस्कृति का इस महाकाव्य में समावेश किया गया है, जिसके कारण इसे पंचम वेद कहा जाता है।

इतिहासपुराणं पंचम वेदानां वेदम।

वर्तमान समय में महाभारत के दो संस्करण उपलब्ध हैं : उत्तर भारतीय और दक्षिण भारतीय। उत्तरभारतीय संस्करण की भी पांच व्याख्याएं और दक्षिण भारतीय की तीन व्याख्याएं (Version) मिलती हैं। इनमें से दो व्याख्याओं का प्रकाशन 'बोम्बे एशियाटिक सोसायटी' ने किया है, एक का प्रकाशन पुणे के भंडारकर इन्स्टीट्यूट ने किया है। गीताप्रेस गोरखपुर ने भी हिन्दी अनुवाद के साथ महाभारत का प्रकाशन किया है। एक व्याख्या का प्रकाशन कलकत्ता से हुआ है।

महाभारत की रचना न तो किसी एक लेखक के द्वारा की गई है और न ही यह कार्य एक समय में हुआ है। वर्तमान स्वरूप में आने में उसे कुछ शताब्दियों का समय लगा है। वेदव्यास किसी एक व्यक्ति विशेष का नाम न होकर वह एक विद्वत वंशपरम्परा (School) का द्योतक है। इस महाकाव्य की रचना का आरंभ ईसापूर्व चौथी शताब्दी में हुआ, जो चौथी शताब्दी ईसवी में जाकर पूर्ण हुआ। महाभारत का वर्तमान स्वरूप जो हमें उपलब्ध है वह ईसा की चौथी शताब्दी वाला है।

अनेक कवियों एवं विद्वानों ने महाभारत के अनुवाद किये हैं। इनमें से सबल सिंह चौहान द्वारा हिन्दी में अपनाया गया 'महाभारत' हिन्दीभाषी क्षेत्र में सर्वाधिक प्रसिद्ध है। इसकी भाषा अवधी है और यह पद्य में रचित है। इस ग्रन्थ का रचनाकाल

संवत 1718 से 1781 के मध्य माना जाता है। इस ग्रन्थ का प्रथम प्रकाशन नवलकिशोर प्रेस लखनऊ से 1881 ईसवी में हुआ था, परन्तु वह अपूर्ण था। लक्ष्मी वेंकटेश्वर प्रेस बंबई से इसकी सातवीं आवृत्ति संवत 1976-77 में प्रकाशित हुई। इस ग्रन्थ की पाण्डुलिपि फतेहराम माहुरजी से प्राप्त हुई थी। सबल सिंह चौहान औरंगजेब के समकालीन थे और उन्होंने उनके मन्त्री मित्रसेन से अपना सम्बन्ध बताया है। विद्वानों ने उन्हे चन्दागढ़ या सबलगढ़ का राजा बताया है। शिवसिंह के मतानुसार वे इटावा के किसी गांव के जमींदार थे। काव्य की भाषा अवधी है। कवि ने दोहा चौपाई सोरठा में वर्णनात्मक शैली को अपनाया है। कवि ने व्यास द्वारा वर्णित कथा का ही आधार लिया है, जैसा वे स्वर्गारोहण पर्व के अंत में वे कहते हैं–

'सबल सिंह मतिहीन, व्यास कहत तस कहेउ हम।'

यह सम्पूर्ण पद उनके द्वारा रचित महाभारत में इस प्रकार से उल्लेखित है :

सरणों निरंजन पुरूष प्रधाना। पुन: व्यास मुनिगुण के निधाना।
हरिचरित्र कोईउ भेदन पावहिं। कै भाषा संक्षेप कछु गावहिं।
महामुनि जो व्यास बखाना। श्री भगवन्त चरित जिन जाना।
जनमेजय राजा अवतारा। धर्मरूप ऋष्मता कुमारा।

अवधी भाषा में रचित इस ग्रन्थ का प्रथम प्रकाशन सन 1823-24 में लखनऊ के नवलकिशोर प्रेस से हुआ था। पंडवानी गायक एवं एक पात्रीय नाट्य कलाकार इसी ग्रन्थ की कथा को अपना आधार स्वीकार करते हैं। यह ग्रन्थ भी मूल संस्कृत भाषा के महाभारत की शैली में अठारह पर्वों में लिखा गया है। पंडवानी कलाकार और पंडवानी के दर्शक इस महाकाव्य के युद्ध विषयक दृष्यों में अधिक रूचि लेते हैं और आनन्दित होते हैं। तीजन बाई एवं शांतिबाई चेलक शांतिपर्व एवं स्वर्गारोहण पर्व को भी उतनी ही कुशलतापूर्वक प्रदर्शित करती हैं, जितना अन्य प्रसंगों (पर्वों) को। स्वर्गीय झाडूराम देवांगन पूर्णरूप से सबल सिंह चौहान के महाभारत का अनुसरण करते थे और उन्हे इस ग्रन्थ के अधिकांश पद कंठाग्र थे। स्वर्गारोहण का प्रदर्शन करते समय वे इस ग्रन्थ के सम्पूर्ण पदों का प्रयोग करते हुए श्रोताओं को भावविभोर कर देते थे। उनकी शिष्य परम्परा में दो प्रमुख कलाकार पुनाराम निशाद और चेतन

प्रसाद प्रमुख हैं, जो सबल सिंह चौहान के ग्रन्थ के साहित्यिक पक्ष का अधिकाधिक अनुसरण करते हैं।

पंडवानी का मूलस्वरूप एक गाथा का था, जिसे परधान गोंड गाया करते थे। परधान गोंड गाथा गायकों की एक जाति है। इनकी पंडवानी यद्यपि मूलत: महाभारत पर ही आधारित है परन्तु गाथा में अनेक अन्तर हैं। वर्तमान में मंच पर प्रस्तुत की जाने वाली पंडवानी पूर्णरूप से (कथा के स्तर पर) सबल सिंह चौहान के ग्रन्थ महाभारत पर आधारित है। भारत में ऐसी अनेक गाथाओं का नाट्यरूप में विकास हुआ है। मॉरिस विन्टरनिज जैसे विद्वानों का भी यह मत है कि महाभारत का आरंभिक स्वरूप गाथा का ही था, जिसे भाट या गाथा गायक प्रस्तुत किया करते थे। उन्होंने कहा है, ''हमारे पास इस प्रकार के कारण विद्यमान है जिनसे हम विश्वास कर सकते हैं कि इनमें से अनेक प्रसंगों को गाथा गायक स्वतन्त्र काव्य के रूप में प्रस्तुत किया करते थे। ऐसी स्थिति में महाभारत ग्रन्थ महाभारत युद्ध की एक वीरगाथा मात्र नहीं है, वरन् वह प्राचीन गाथाओं का एक समग्र कोश है।''

सम्पूर्ण भारत में ऐसी अनेक गाथाओं के आधार पर नाट्य रूप में विकसित हुए नाट्यरूप विद्यमान हैं जैसे आसाम का ओझापल्ली, कर्णाटक का ताल-मद्दले, आन्ध्रप्रदेश का बुर्राकथा, महाराष्ट्र का गोंधल और बिहार का कीर्तिनिया। आरंभ में ये सभी नाट्यरूप गाथा रूप में ही थे, जिनमें अभिनय के समावेश के साथ उनका नाट्य रूपांतरण हुआ। इनमें से अनेक गाथाएं मूल रूप में वीरगाथाएं थीं और उनका चरित्र धर्मनिरपेक्ष था। कालान्तर में ब्राह्मणों ने उनमें अपनी धार्मिक कथाओं का समिश्रण किया और अपने सम्पूर्ण धार्मिक एवं पुरोहितीज्ञान को सम्मिलित करके उन्हे अपने धर्मसिद्धांतों के अनुरूप परिवर्तित करा लिया। देवताओं से सम्बन्धित कथाओं, ब्राह्मणमूल की मिथ कथाओं और यहां तक कि ब्राह्मणवादी दर्शन का प्रतिपादन करने वाले धर्मशास्त्र, नीतिशास्त्र एवं ब्राह्मणवादी विधियों का भी महाभारत में समावेश करा लिया गया। उन्होंने ही प्रसिद्ध ऋषि-मुनियों की चमत्कारिक कथाओं को जो ब्राहम्णों के पूर्वज थे, उनके द्वारा बलिदान और सन्यास के द्वारा प्राप्त होने वाली चमत्कारिक शक्तियों के उपार्जन की ऐसी कथाओं का महाभारत में समावेश किया जो न केवल मनुष्यों पर वरन् देवताओं पर भी विजय प्राप्त करने में सक्षम थे। पुरोहितों ने विष्णु एवं शिव से सम्बन्धित धार्मिक स्थलों के सम्बन्ध में

अनेक मिथकों एवं कथाओं की रचना कर ली। इन कथाओं की रचना पुराणों की शैली पर की गई, जिसमें विष्णु एवं शिव सम्बन्धित भौगोलिक स्थानावालियां ब्रह्माण्ड सम्बन्धी ज्ञान एवं वंशावलियां सम्मिलित थीं। यह कार्य मुख्यरूप से पुराणों की रचना में हुआ। परन्तु ऐसा कार्य महाभारत की रचना में भी हुआ। महाभारत में भगवान विष्णु इतने प्रमुख रूप में प्रस्तुत किये गये हैं कि ऐसा प्रतीत होने लगता है कि यह एक धार्मिक ग्रन्थ है, जो भगवान विष्णु की आराधना हेतु रचा गया है।

परधानों की पंडवानी एक धर्मनिरपेक्ष गाथा है जैसा चरित्र गाथा गायकों के महाभारतपूर्व के गाथा काव्य का था। यहां तक कि सबल सिंह चौहान के महाभारत पर आधारित नाट्यरूप पंडवानी का चरित्र भी उतना ब्राह्मणवादी नहीं है, जितना कि महाभारत का है। उसका प्रमुख कारण उसमें शौर्य की प्रधानता का होना है, विशेष रूप से भीम के चरित्र का। पंडवानी जो आकार में एक लोकमहाकाव्य है इसका नायक भीम है।

पुराण आधारित विषयों को भारतीय लोकनाट्यों में जितना महत्वपूर्ण स्थान प्राप्त हुआ है उतना और किसी अन्य विषय को नहीं। कुछ प्रेम गाथाओं का भी नाट्य रूपांतरण हुआ है, परन्तु इस सीमा तक नहीं, जिस सीमा तक महाभारत एवं रामायण दोनों आख्यानों के प्रसंगों का। मध्ययुग के आरंभिक काल में क्षेत्रीय नाट्य रूपों के विकास के दो प्रमुख कारण थे। प्रथम कारण था शाक्तों द्वारा प्रसारित कर्मकाण्ड के विरूद्ध प्रतिक्रिया स्वरूप और दूसरा कारण था महलों में प्रदर्शित होने वाले नाटकों द्वारा अनैतिक विचारों के विरूद्ध प्रतिक्रिया स्वरूप।

ब्राह्मणधर्म के विरूद्ध प्रतिक्रिया स्वरूप भागवत धर्म का प्रचार लोकधर्म के रूप में आमजनों तक स्वीकार्य हो गया। ऐसे भक्ति के वातावरण में लोकनाट्यों का विकास हुआ, जिनमें भागवत धर्म से सम्बन्धित चरित्रों और विचारों को न केवल आदर्श स्वरूप अपनाया गया वरन् भक्ति आंदोलन द्वारा प्रतिपादित आदर्शों एवं नैतिक मूल्यों को भी नाट्य में पर्याप्त महत्व प्रदान किया गया। यह प्रक्रिया और स्थिति भक्ति आंदोलन के लिये भी अनुकूल थी, क्योंकि नाट्य एवं नाट्य स्थल भागतव धर्म के प्रचार के माध्यम बन गये थे। मुस्लिम शासनकाल में लोकनाट्यों ने धर्मप्रचार का दायित्व वहन कर लिया था। रासलीला, रामलीला, कुचीपुड़ी, अंकियानाट, जात्रा, दशावतार इत्यादि लोकनाट्य रूपों ने भक्ति आंदोलन को

जीवन्त बनाये रखा और उसके प्रचार में संलग्न बने रहे। वल्लभाचार्य, चैतन्यदेव और शंकरदेव जैसे भक्तों ने नाट्य को भक्ति आंदोलन के प्रचार प्रसार हेतु जनसंवाद के माध्यम के रूप में विकसित किया।

महाभारत का युद्ध बुराई और अच्छाई के मध्य के संघर्ष का प्रतीक है, जिसमें बुराई पर अच्छाई की विजय दर्शाई गई है। इस महान महाकाव्य का असली नायक कौन है, अर्जुन, युधिष्ठिर या कृष्ण? भारतीय पुराण शास्त्रों के अनुसार कृष्ण विष्णु के आठवें अवतार हैं। उन्होने अत्याचारी कंस के वध हेतु अवतार लिया था, जो वास्तव में एक दैत्य का अवतार था, जो स्वाभाविक रूप से देवताओं का शत्रु था। कृष्ण को अपने शत्रु के इरादे का ज्ञान था, अतः उन्हे मथुरा के कारागार से जहां उनका जन्म हुआ था वहां से उन्हे कंस की राजधानी से दूर वृन्दावन (नंदगांव) नंद के घर पर पहुंचा दिया गया, जहां उनका लालन-पालन एक ग्वाले के रूप में हुआ।

कृष्ण से सम्बन्धित मिथकों ने दो प्रकार के नाट्यों को जन्म दिया। एक प्रकार के वे नाट्य थे जो कृष्ण की बाल लीलाओं से प्रेरित थे और दूसरे वे नाट्य थे जो महाभारत महाकाव्य पर आधारित थे। कुछ विद्वानों का मत है कि ये दोनों पौराणिक चरित्र दो भिन्न व्यक्तियों से सम्बन्धित हैं, जिनका कालान्तर में एक दूसरे में विलय हो गया। डॉ. हजारी प्रसाद द्विवेदी के मतानुसार कृष्ण अभीरों के एक बालदेवता हैं जो अभीरों के भारत में आगमन के साथ आये हैं और कालान्तर में उनके चरित्र का विकास हरिवंश पुराण में वर्णित बालकृष्ण के रूप में हो गया। महाभारत के कृष्ण चन्द्रवंशी क्षत्री थे, जो वंश भारत का एक प्राचीन वंश है और अभीरों के भारत आगमन से अत्यंत प्राचीन है। कृष्ण भारतीय पौराणिक आख्यानों के अनुसार विष्णु के आठवें अवतार हैं और भारतीय साहित्य के महानायक हैं। यथार्थरूप में वे भारतीय ललित के केन्द्रीय नायक हैं।

महाभारत से प्रेरित सम्पूर्ण भारत में अनेक नाट्यों एवं कलारूपों का विकास हुआ है। महाभारत और रामायण दो ऐसे महान आख्यान हैं जो नाट्यों के उन्नयन में सदैव प्रेरणादायी रहे हैं। रामायण की रचना के पूर्ण होने पर उसके रचयिता वाल्मिकी ने सीता के दोनों पुत्र लव और कुश को जिनका जन्म सीता के निर्वासन काल में आश्रम में हुआ था, उन्हे गायन हेतु प्रदान किया। राम और सीता के उन दोनों पुत्रों ने अयोध्या में रामायण का गायन करते हुए उस समय प्रवेश किया जब राम अश्वमेध

यज्ञ का आयोजन कर रहे थे। राम ने जब उन दोनों बालकों को अपनी गाथा गाते हुए सुना तो उन्होने उन्हे पहचान लिया कि वे दोनों उनके ही पुत्र हैं।

भारत गाथा को भी भारत जाति (Tribe) की गाथा होना चाहिए। महाभारत महाकाव्य भी उस परिवार की धरोहर है, जिसे सावधानीपूर्वक सुरक्षित रखा गया। समय बीतने के साथ-साथ गाथा गायकों ने उनका नाट्य रूपांतरण किया। भवभूति ने उत्तर रामचरित्र नाटक का श्रेय महाकाव्य को प्रदान करते हुए उसके प्रति कृतज्ञाता प्रकट की है और भास के नाटकों में तो इस बात के स्पष्ट प्रमाण विद्यमान हैं। प्राचीन भारत में 'कुशीलव' नामक गाथा गायकों की जाति थी। एक अन्य गाथा गायकों की जाति और भी थी, जिसका नाम 'शिलालिन' था। पाणिनी ने शिलालिन को 'नटसूत्र' का रचयिता माना है तथा उनके शिष्यों ने वैदिक नृत्य परम्परा (Vedika School) की स्थापना की जिसे 'शैलालिनोह नट' का नाम दिया गया। शलालिका ॠगवैदिक काल की एक चारण जाति थी जिनके अपने ब्राह्मण थे जिनका, उल्लेख अपसतम्ब श्रोत के सूत्र में (Keath, J.R.A.S. 1915 P. 498) में किया गया है : कात्यायन को भी इस वैदिक परम्परा के इन विद्यार्थियों के विषय में 'शैलालह' के रूप में ज्ञान था। पाणिनी जिनका काल ईसापूर्व चौथी शताब्दि है उन्होने 'नाट्य' का कहीं भी उल्लेख नहीं किया है परन्तु केवल 'नट' शब्द का उल्लेख किया है। परन्तु पातंजली ने जिनका काल ईसपूर्व 140 वर्ष है, ने अपने ग्रन्थ महाभारत में स्पष्ट रूप से नाट्य के अस्तित्व में होने का उल्लेख किया है, जिसमें वासुदेव कृष्ण के द्वारा कंस के वध का वर्णन किया गया है।

नाट्य पर महाभारत के प्रभाव का स्पष्ट उदाहरण भास के नाटक हैं, जिनका समय लगभग ईसापूर्व तीसरी शताब्दि माना जाता है। अभिमन्यु का उत्तरा के साथ विवाह हो जाने के उपरांत अर्जुन द्वारा कृष्ण को पाण्डवों और कौरवों के मध्य सन्धि कराने हेतु दूत के रूप में हस्तिनापुर भेजे जाने को उन्होने अपने नाटक 'दूतवाक्य' में विषय बनाया है। 'कर्णभार' नाटक का विषय अर्जुन के विरूद्ध युद्ध में प्रस्थान करने के पूर्व अपने कवच का दान इन्द्र को करने से सम्बन्धित है। 'दूत घटोतकच्छ' नाटक का विषय अर्जुन के पुत्र अभिमन्यु की युद्ध में मृत्यु हो जाने के उपरांत घटोतकच्छ का जो भीम और हिडिम्बा का पुत्र था, कृष्ण का दूत बनकर कौरवों के पास जाकर वार्ता करने से सम्बन्धित है। 'पंचरात्र' नाटक महाभारत के विराट पर्व पर आधारित

है। नाटक 'ब्रुभंग' का सम्बन्ध भीम के द्वारा अपनी गदा से दुर्योधन की जंघा पर प्रहार करने के प्रसंग पर आधारित है। नाटक 'बालचरित्र' कृष्ण को गोकुल में बिताये गये समय की बाल लीलाओं से सम्बन्धित हैं, जिसके अंत में मथुरा में कंस के वध का प्रसंग भी सम्मिलित किया गया है।

महाभारत एवं रामायण की पुराण कथाएं भाट चारण एवं अन्य गाथा गायकों को एवं नाट्यकारों को सदैव ही प्रोत्साहित करती रही हैं। परम्पराशील प्रयोगधर्मी कलारूपों की अन्तर्विरोधी विविधता का आधार इन आख्यानों की पुराण कथाओं में ही निहित है। यही कारण है कि परम्पराशील नाट्य और इन आख्यानों की पुराकथाओं के बीच प्रतीकात्मक सम्बन्ध दिखाई पड़ता है। भारतीय परम्पराशील नाट्य ने अपने अधिकांश विषयों को इन्ही सामान्य श्रोतों से ग्रहण किया है। अधिकांश नाटकों, नृत्य नाटकों के कथानकों का आधार इन दोनों आख्यानों में निहित है, एवं पुराणों में वर्णित कथाओं से इन्हे अपनाया गया है। ये कथाएं वाचिक परम्परा के माध्यम से कथा वाचकों के द्वारा कठपुतलियों के प्रदर्शन द्वारा एवं लिखित साहित्य के माध्यम से पीढ़ी दर पीढ़ी जनता में प्रचलित रही हैं। यहां तक कि वर्तमान समय में भी ये पुरा कथाएं कलाओं के लिये एक सशक्त श्रोत बनी हुई हैं। इसका उदाहरण हमें स्पष्टरूप से संस्कृत नाट्य की उत्पत्ति में धार्मिक कथाओं के योगदान में दिखाई पड़ता है। संस्कृत नाटक का आरंभ 'हरविंश' से हुआ प्रतीत होता है जो महाभारत का एक 'खिल' (परिशिष्ट) है। इस ग्रन्थ का रचनाकाल अश्वघोष के नाटकों के बाद का है, परन्तु यह ग्रन्थ नाट्य एवं कृष्णोपासना से निकटता के साथ जुड़ा हुआ है। इस रूप में नाटक के कथानकों का महाभारत के साथ गहरा सम्बन्ध स्पष्ट हो जाता है।

भट्टनारायण के नाटक 'वेणीसंहार' में महाभारत के उस प्रसंग को प्रस्तुत किया गया है, जिसमें दुशासन द्रौपदी के केश पकड़कर उसे घसीटते हुए कौरव सभा में लाता है। द्रौपदी ने उस अवसर पर प्रतिज्ञा की थी कि वह अपने केश तब तक नहीं संवारेंगी जब तक कि वह इस अपमान का बदला न ले ले, और अन्त में ऐसा हुआ भी।

संस्कृत नाट्य एवं परम्पराशील गाथा काव्य का परिश्रवण लोक परम्पराओं में हुआ। इस प्रक्रिया को वैष्णव भक्ति आंदोलन से काफी बल मिला। ''आरंभिक

काल से ही महाभारत एवं रामायण दोनों महाकाव्य के कथाप्रसंगों से लोकनाट्यों को विषय सामग्री उपलब्ध होती रही है। कालान्तर में इन दोनों महाकाव्यों की ख्याति बढ़ती गई और उसके फलस्वरूप क्षेत्रीय भाषा के कवियों और सन्तों ने इन ग्रन्थों का अपनी अपनी प्रादेशिक भाषाओं में अनुवाद किया। जो व्यक्ति इन ग्रन्थों का सम्पूर्ण रूप में परायण कर सकने में समर्थ थे वे कुछ प्रदेशों में भागवत कहलाने लगे। यह नाम महत्वपूर्ण है। इस शब्द का मूल अर्थ उस व्यक्ति से है जो विष्णु की भक्ति परम्परा का अनुयायी हो।''

श्रीमत भागवत पुराण के प्रवचनों को वैष्णव भक्तों द्वारा मन्दिरों में आयोजित किया जाता है। ये प्रवचनकार 'व्यास' कहलाते हैं। महाभारत के रचयिता कृष्ण दैपायन वेदव्यास की परम्परा के अनुसार इन प्रवचनकारों को भी व्यास कहा जाता है। भागवत के प्रवचनकार का आसन व्यासगद्दी कहलाता है। यहां तक कि महाभारत के प्रसंगों पर आधारित कुछ लोकनाट्यों के कथावाचक भी व्यास कहलाते हैं और उनके आसन व्यास गद्दी।

महाभारत के कथा प्रसंगों का मंचन अनेक लोकनाट्यशैलियों में प्रचलित है। केरल के कुटिअट्टम और मोहनीअट्टम, असम के अंकियानाट, गोमन्तक के दशावतार, बस्तर के भतरानाट, तमिलनाडु के भागवतमेल में महाभारत के कथा प्रसंगों का मंचन होता है। मयूरभंज और सराईकेला के 'छऊ' छत्तीसगढ़ के 'रहस' एवं 'पंडवानी', वृन्दावन की 'रासलीला' आदि कुछ अन्य नाट्य स्वरूप हैं जो पूर्ण रूप से महाभारत एवं हरविंश पर आधारित हैं। यहां तक कि 'सांगीत' नाट्य परम्परा के अनेक प्रसंग महाभारत की कथाओं से ग्रहण किये गये हैं। आन्ध्र प्रदेश के कुचिपूड़ी ग्राम के ब्राह्मण जो नाट्यशास्त्र के विद्वान थे, उन्होने भी कृष्ण लीला के कथानकों को मंचन हेतु अपनाया। सिद्धेन्द्र योगी द्वारा रचित नाटक भामाकल्पम कृष्ण से सम्बन्धित इसका एक श्रेष्ठ उदाहरण है। इन नाटक की रचना सोलहवीं शताब्दी के आरंभिक काल में हुई थी।

स्वर्गीय डॉ. जगदीशचन्द्र माथुर ने कर्नाटक के धारवाड़ा जिले में 'दोडट्टा' लोकनाट्य शैली, जो पुराणों पर आधारित है, के मंचन में 'किरात अर्जुन' नाटक देखा था। उस समय धारवाड़ में ही दोडट्टा की लगभग बीस मंडलिया सक्रिय थीं। कीर्तिनिया नाट में भी महाभारत के प्रसंगों की एवं पैराणिक कथानकों की

प्रस्तुतियां होती हैं। बिहार एवं उत्कल में 'यात्रा' पर आधारित लोक नाट्य 'जात्रा' विकसित हुआ है।

यह सब वैष्णव भक्ति आंदोलन के प्रभाव स्वरूप हुआ है। कवि जयदेव के काव्यग्रन्थ 'गीतगोविन्द' ने इस क्षेत्र के अनेक कवियों को प्रभावित किया है। उमापति (1324), विद्यापति (1403) ने गीत गोविन्द शैली में काव्य रचना की। मध्य युग में उमापति द्वारा रचित नाटक 'पारिजात हरण' पौराणिक कथा पर आधारित था और सम्पूर्ण भारत में उसकी ख्याति थी। उन्होने इस की रचना नाट्य रूप में की थी और इसके पद (गीत) संगीत पर आधारित थे ताकि उन्हे नाट्य रूप में प्रस्तुत किया जा सके। चैतन्यदेव और उनके अनुयायिओं के द्वारा नाट्य प्रस्तुत करने की स्पष्ट जानकारी उपलब्ध है, जिसमें चैतन्य ने स्वयं रूक्मिनी का अभिनय किया था। संभवत: कृष्ण यात्रा का आरंभ इस प्रदर्शन से ही हुआ था।

सारांश रूप में यह कहा जा सकता है कि भारतीय नाट्य के विकास में 'महाभारत' महाकाव्य की महत्वपूर्ण भूमिका रही है। अनेक नाट्य स्वरूप वर्तमान समय में भी महाभारत के कथा प्रसंगों को नाट्य प्रस्तुतीकरण हेतु अपनाते हैं। महाभारत और रामायण दोनों आख्यानों की भारतीय मानस में गहरी जड़े विद्यमान हैं। ये महाकाव्य भारतीय साहित्य की अमूल्य निधि हैं और ये भारतीय संस्कृति के अभिन्न अंग हैं।

भूमिका

ऋषि वेद व्यास द्वारा रचित महाकाव्य महाभारत हमारी श्रेष्ठतम साहित्यिक धरोहरों में से एक है। इस महाकाव्य में सहस्त्रों कथाएं अनेकानेक पात्रों और आख्यानों के माध्यम से गुंथी हुई है। इन कथाओं में अनेक कथाएं तो आर्य जाति की प्राचीन कथायें प्रतीत होती हैं और बहुत सी कथायें आर्यों के भारत में आकर बसने के उपरांत उनके यहां के मूल निवासियों के साथ कायम होने वाले सम्बन्धों से उद्भूत कथाएं भी इस महाकाव्य में संकलित मिलती हैं। सम्पूर्ण महाभारत का गहराई से अध्ययन करने पर ऐसा प्रतीत होता है कि अनेक कथाएं महाभारत के युद्ध को केन्द्र में रखकर एक सूत्र में इस तरह गूंथी एवं संपादित की गई हैं, मानों वे सब एक काल विशेष में घटित हुई घटनाओं का ही विवरण हों। दरअसल अनेक विद्वान यह मानते हैं कि इनमें से अनेक कथाएं अलग-अलग समय एवं अलग-अलग स्थानों की कथाएं हैं, जिन्हे मुनि वेद व्यास ने अद्भुत कौशल के साथ एक महाकाव्य के रूप में संयोजित कर संपादित किया है।

महाभारत महाकाव्य को भी भारतीय वांड्मय में वेदों के समकक्ष ही सम्मान प्रदान किया गया है, और इस महान ग्रन्थ को भी नाट्य शास्त्र की ही भांति पंचम वेद कहा गया है। दोनों में अंतर इतना ही है कि नाट्य शास्त्र की रचना सभी जातियों के लिए की गई थी, क्योंकि प्राचीन बाह्मण प्रधान समाज ने शूद्रों के लिए वेदों का पठन वर्जित घोषित कर रखा था और महाभारत को भी शूद्रों के पठन एवं श्रवण हेतु वर्जित कर दिया गया था। महाभारत की कथा का पारायण ब्राह्मण पण्डितों द्वारा ही परम्परागत रूप से किया जाता है। द्विजेतर जातियों के लिए तो इसका सुनना भी निषिद्ध है।

भारत के अनेक क्षेत्रों में महाभारत की कुछ लोक शैलियों का विकास हुआ है। इनमें से अनेक लोक शैलियां तथाकथित नीची जातियों द्वारा विकसित की गई

हैं, और वर्तमान में भी इनकी प्रस्तुतियां या पारायण ऐसी ही जातियों के कथा वाचकों द्वारा संपन्न किया जाता है। उत्तर भारत के मेवात क्षेत्र के मीरासियों द्वारा गाया जाने वाला पांचकड़ा लोककाव्य महाभारत का ही मेवाती बोली में उपलब्ध लोकस्वरूप है। इसे कुछ गायक पाण्डूका कड़ा भी कहते हैं, अर्थात वह काव्य जिसमें पांच खंडों में महाभारत की प्रमुख कथाओं को पिरोया गया है। दक्षिण भारत के कर्नाटक क्षेत्र में प्रचलित हरि कथा और आन्ध्र क्षेत्र में बुर्रा कथा भी महाभारत के ही स्थानीय लोकस्वरूप हैं। नर्मदा और महानदी के बीच वाले विस्तृत क्षेत्र में महाभारत का लोकस्वरूप पंडवानी के नाम से प्रचलित है। पंडवानी अथवा पाण्डव वाणी या पाण्डवों से सम्बन्धित काव्य का इस आदिवासी बहुल क्षेत्र के जन मानस पर गहरा तथा व्यापक प्रभाव विद्यमान है।

इस सम्पूर्ण क्षेत्र में पंडवानी एक महत्वपूर्ण लोक काव्य के रूप में विद्यमान है। पंडवानी के अधिकांश कथावाचक न सिर्फ ब्राह्मणेत्तर नीची जातियों से आते हैं, वरन् इनमें से अनेक कथावाचक तो इस क्षेत्र की सर्वाधिक विशाल जनजाति गोंड समुदाय के हैं। गोंड जनजाति में प्रचलित चार महाकाव्यों में से एक पंडवानी है, जिसे सर्वश्रेष्ठ स्थान प्राप्त है। गोंडवानी, रामायनी एवं करमसैनी लोक के अन्य तीन महाकाव्य हैं, जिनमें से करमसैनी अब लुप्तप्राय हो चुका है। नर्मदा तट के जबलपुर एवं मंडला जिलों के गोंड आदिवासी समुदाय में पंडवानी काव्य का अत्यधिक प्रचलन रहा है, जिसे इस जनजाति के भाट जो परधान कहलाते हैं, परम्परा से गाते आ रहे हैं। परधान विशाल गोंड समुदाय की ही एक उपजाति है, जिनका पेशा अपने गोंड जजमानों को गोंड जाति की पुराकथाएं सुनाना तथा वंशावली से अवगत कराना रहा है। परधान शब्द प्रधान शब्द का ही बिगड़ा हुआ स्वरूप है, ऐसा प्रतीत होता है कि कभी ये परधान ही गोंडों के पुरोहित रहे होंगे, इस कारण प्रधान कहलाते रहे होंगे।

कालांतर में जातीय ह्रास तथा जजमानों से दान-दक्षिणा स्वीकार करने के परिणाम स्वरूप इनकी सामाजिक हैसियत में गिरावट आ गई और से चारण या भाटों के सदृश्य सामाजिक स्थिति में पहुंच गए। परधान भी भाटों की ही भांति फसल कटने के उपरांत अपने जजमानों के यहां सुदूर अंचलों तक यात्राएं करते हैं और उनसे दान-दक्षिणा एकत्र कर कई महीनों बाद अपने घरों को वापस लौटते हैं।

परधानों द्वारा गायी जाने वाली पंडवानी की मूल गाथा तो महाभारत पर ही आधारित है, किन्तु उसमें अनेक लोक कथाएं, लोक नायक एवं स्थानों के नाम स्थानीय प्रभाववश जुड़ गए हैं। गाथाओं के गायक लोकरंजन हेतु ऐसे अनेक लोक तत्वों का कवित्त में समावेश प्राय: कर लिया करते हैं। पंडवानी में महाभारत की मूल कथा एवं प्रमुख पात्रों के साथ गोंड मिथकों का भी अद्भुत एवं विलक्षण मिश्रण हुआ है। इनमें से कुछ मिथकों एवं स्थानों के नाम तो गोंडवानी लोक महाकाव्य में भी उल्लेखित हैं। आदिमजाति अनुसंधान केन्द्र, छिंदवाड़ा द्वारा पंडवानी, गोंडवानी एवं रामायनी नामक तीनों लोक महाकाव्यों का संकलन श्री शेखगुलाब द्वारा कराया गया था, जिसे डॉ. टी.बी. नायक ने संपादित कर प्रकाशित किया था। इन तीनों लोक महाकाव्यों की भाषा मंडला जिले में बोली जाने वाली भाषा है जो छत्तीसगढ़ी का ही एक स्वरूप है, जिस पर बुंदेलखंडी एवं बघेली का भी थोड़ा बहुत प्रभाव पड़ने के कारण वह ठेठ छत्तीसगढ़ी से थोड़ी भिन्न प्रतीत होती है। परधान गायक सुदूर क्षेत्र तक जहां-जहां गोंड जनजाति के लोग निवास करते हैं, अपने जजमानों के यहां ठहर कर उन्हे उनकी वंशावली से तो परिचित कराते ही हैं, साथ ही उपरोक्त तीनों महाकव्यों को चिकारे या सारंगी पर गा-गाकर सुनाते हैं, तथा अपने जातीय मिथकों का ज्ञान कराते हैं। छत्तीसगढ़ के ग्रामीण अंचल में गोंड जाति के लोगों की पर्याप्त आबादी है, और परधानों का आगमन इस क्षेत्र में स्वाभाविक रूप से होता रहता है। परधान जाति के लोग महाराष्ट्र के चंद्रपुर और आंध्र के आदिलाबाद क्षेत्र में भी रहते हैं, जहां गोंड जाति की पर्याप्त जनसंख्या है। आरंभ में पंडवानी का फैलाव छत्तीसगढ़ में परधानों के माध्यम से ही हुआ है।

परधानों के अलावा देवार जाति के लोग भी पंडवानी, गोंडवानी, रामायनी एवं करमसैनी गाथाएं गाते हैं। देवार भी किसी समय मंडला क्षेत्र से ही रतनपुर होते हुए सम्पूर्ण छत्तीसगढ़ में फैले हैं। स्टीफन फुक्स के मतानुसार देवार जाति भूमिया जन जाति में से ही विकसित एक उपजाति है, जो कालांतर में एक पृथक जाति के रूप में स्थापित हो गई है। भूमिया वर्ग, बैगा वर्ग का ही एक उपवर्ग है, जो एक लंबे कालखंड में अपनी मूल जाति से पृथक हो गया है और उसने अपनी एक स्वतंत्र जातीय पहचान बना ली है। वर्तमान में ना तो भूमिया ही अपने आपको बैगा मानने को तैयार है, और ना ही देवार अपने आपको बैगा जाति से किसित हुई एक उपजाति मानने को तैयार है।

बैगा न सिर्फ एक जनजाति का नाम है, वरन् बैगा एक व्यावसायिक संज्ञा भी है, जिनका काम ग्राम-पुजारी के साथ-साथ भूत-प्रेत आदि से ग्रामवासियों की सुरक्षा एवं उपचार करना है, इन्हे ओझा भी कह सकते हैं। कमार, बिंझिया एवं गोंड जनजातियों में बैगा को इसी रूप में पहचाना जाता है। फोरसिथ के मतानुसार देवार जन आदिवासी समुदायों के उच्चकोटि के वैद्य एवं ओझा हैं जो देखने में दुबले-पतले हैं, परन्तु जिनके नेत्रों में जादुई सम्मोहन परिलक्षित होता है। मंडला क्षेत्र में आज भी देवी के उन पुजारियों को देवार शब्द द्वारा संबोधित किया जाता है जो जाति से बिंझिया है, अत: देवारों का सम्बन्ध भी गोंडों एवं बैगाओं से पुजारी का ही है, जिस प्रकार परधानों का सम्बन्ध गोंडों के साथ पुरोहित और जजमान का है।

बेरियर एल्विन के मतानुसार छत्तीसगढ़ के देवार संभवत: गोंड एवं कंवर से उत्पन्न हुए हैं, जो प्रमुख रूप से सारंगी बजाते हैं। व्यवसाय के रूप में जादू एवं बैगागिरी अब उनमें गौंण हो चुकी है। साथ ही उनका यह भी मत है कि बैगा देवारों की आदिवासी समुदायों में अत्यधिक प्रतिष्ठा है। उपरोक्त तथ्यों का अवलोकन करने पर देवारों और परधानों के क्षेत्रीय एवं जनजातीय सम्बन्ध स्पष्ट हो जाते हैं।

परधान एवं देवार दोनों ही जाति के लोग अपने आपको गोंडों की उपजाति मानते हैं, और दोनों ही जातियों के गायकों द्वारा गायी जाने वाली गाथाएं भी लगभग समान है। दोनों जाति के गायक चिकारा सदृश्य तंतु वाद्य पर गाथाएं गाते हैं, जिसे स्थानीय बोली में सारंगी कहा जाता है। गाथाओं का कथानक, भाषा एवं गायन की शैली भी अत्यधिक मिलती जुलती है। देवार अपनी मूल भाषा को फारसी कहते हैं, जो मंडला की छत्तीसगढ़ी के अधिक समीप है। यहां यह स्पष्ट करना आवश्यक प्रतीत होता है, कि फारसी बोली से उनका तात्पर्य फारसी भाषा से कदापि नहीं है। मध्यप्रदेश की अनेक जनजातियां अपनी ठेठ बोलियों को फारसी विशेषण से संबोधित इसलिए करती हैं क्योंकि उन्हे समझने में अन्य लोगों को कठिनाई होती है।

परधान और देवारों में मूल अंतर इस रूप में पाया जाता है कि परधान प्रवास के उपरांत अपने घर वापस आ जाते हैं, जबकि देवार किसी समय विशेष में अपनी भूमि से उखड़ गए और उन्होने घुमन्तु जीवन शैली अपना ली। संभावना है कि या तो किसी भीषण दुर्भिक्ष या प्राकृतिक विपत्ति के कारण या किसी बाह्य आक्रमण के

परिणाम स्वरूप ये मंडला क्षेत्र से निकलकर रतनपुर पहुंचे होंगे और फिर वहां से भी बेदखल होकर छत्तीसगढ़ में घुमन्तु जीवन शैली अपनाकर जीवन यापन करने हेतु विवश हुए होंगे। देवार वर्तमान में अपना सम्बन्ध रतनपुर के सेनापति गोपाल राय बिंझिया से जोड़ते हैं जो जहांगीर का समकालीन था।

छत्तीसगढ़ में पंडवानी के प्रचार-प्रसार में देवार जाति का भी महत्वपूर्ण योगदान रहा है। छत्तीसगढ़ में पंडवानी की दो शैलियां पाई जाती हैं, कापालिक एवं वेदमती। कापालिक शैली से तात्पर्य पंडवानी की उस शैली से है जो पूर्ण रूप से लोकोन्मुखी है, और जिसे गायक स्वतंत्रतापूर्वक गाता है तथा इस शैली में लोक तत्वों, लोक कथाओं, क्षेत्रीय एवं जातीय मिथकों का बेधड़क समावेश करता है। यहां यह स्पष्ट कर देना भी प्रारंगिक होगा कि कापालिक शब्द का अर्थ यहां तांत्रिक समुदाय विशेष नहीं है, वरन् यहां यह लोक की स्मृति का पर्यायवाची है, जो कथाएं कपाल में सुरक्षित है उसे स्थानीय संबोधन में कापालिक कहा जाता है। वेदमती का अर्थ वे काव्य अथवा गाथायें हैं जो लिपिबद्ध होकर ग्रन्थ रूप में आ चुकी है। लिखित शब्द को स्थानीय बोली में वेद कहकर सम्बोधित किया जाता है।

पंडवानी की प्रथम शैली जिसे कापालिक कहा जाता है, दरअसल वह शैली है, जिसे छत्तीसगढ़ में सर्वप्रथम परधान गायकों एवं देवार गायकों ने प्रचारित किया। इन लोक कलाकारों द्वारा गाई जाने वाली पंडवानी को अन्य नीची जातियों के गायकों द्वारा भी अपना लिया गया। निषाद, बहेलिया, कंवर, सतनामी, तेली आदि अनेक जाति के कलाकार पंडवानी गाने लगे। एक ओर द्विजों के बीच महाभारत या भागवत का पारायण ब्राह्मण कथा वाचकों द्वारा किया जाता था, जहां दलित जातियों को जाने की मनाही होती थी, तो दूसरी ओर लोक में महाभारत की ऐसी शैली का प्रचार-प्रसार हो रहा था, जिसके प्रस्तोता और श्रोता दोनों ही सर्व साधारण जन थे जो नीची जातियों के थे। यही वजह है कि महाभारत की लोक शैली को छत्तीसगढ़ में एक व्यापक जनाधार एवं लोक संरक्षण उपलब्ध हुआ।

पंडवानी की बढ़ती हुई लोकप्रियता से ब्राह्मण कथावाचक कुढ़ कर उसके प्रति अप्रिय कटाक्ष एवं व्यंगपूर्ण आक्षेप भी किया करते थे। गोंड गंवार क्या जाने महाभारत शास्त्र। अरे अच्छे-अच्छे पंडितों के बस का नहीं है जो शास्त्र, उसे अपढ़ गंवार गाने लगे हैं, जिन्हें न पढ़ना आता है, न शास्त्र का ही कोई ज्ञान है, और न कथा का

ही कोई सिर पैर जिन्हें मालूम हो, वे क्या महाभारत सुनाएंगे। ऐसे कटाक्ष के परिणामस्वरूप कुछ पंडवानी गायकों में महाभारत की कथा जानने की अभिलाषा उत्पन्न हुई। महाभारत जैसे विशाल ग्रन्थ का पठन तो इन अशिक्षित या अल्पशिक्षित लोगों के बस की बात नहीं थी। हिन्दी भाषा में लिखित पद्यबद्ध महाभारत जिसकी रचना सबल सिंह चौहान ने की थी, उसे पंडवानी गायकों ने अपना लिया। धीरे-धीरे पंडवानी गायकों में सबल सिंह चौहान का महाभारत अत्यधिक लोकप्रिय हो गया। सबल सिंह ने दोहों और चौपाइयों में सम्पूर्ण महाभारत की कथा का वर्णन किया है। इसका रचना काल संवत 1718 और संवत 1781 के मध्य माना जाता है, जिसका प्रथम प्रकाशन सन् 1881 ई. में नवल किशोर प्रेस लखनऊ से हुआ था। यहां मैं स्पष्ट करना चाहूंगा कि सबल सिंह के इस गुटके के प्रभाव के कारण पंडवानी जहां एक ओर महाभारत की मूल कथा के अनुरूप ही ढलने लगी, वहीं दूसरी ओर उसमें से लोक कथाओं एवं लोक तत्वों का धीरे-धीरे परित्याग होने लगा। महाभारत की मूल कथा के अनुरूप शुद्धिकरण की इस ब्राह्मणवृत्ति के परिणामस्वरूप लोक तत्वों का अधिकाधिक त्याग कर जिस पंडवानी शैली का विकास छत्तीसगढ़ में हुआ, उसे वेदमती शैली कहा जाने लगा।

कुछ अध्येताओं ने खड़े होकर प्रस्तुत की जाने वाली शैली और बैठकर प्रस्तुत की जाने वाली शैली को क्रमश: कापालिक एवं वेदमती शैलियां कहा है, जो अत्यंत भ्रामक है। झाडूराम देवांगन की पंडवानी गायन की शैली को वेदमती एवं तीजनबाई की गायन शैली को कापालिक कुछ अध्येताओं ने अज्ञानतावश कहा है। दरअसल इन दोनों ही गायकों की पंडवानी सबल सिंह चौहान की महाभारत कथा पर आधारित है, जिसमें लोक तत्वों एवं मिथ कथाओं का परित्याग कर दिया गया है। हां एक बात और, पंडवानी गायकों पर सबल सिंह चौहान के गुटके का प्रभाव भी अधूरा ही दिखाई पड़ता है। कथा तो वे उनके ग्रन्थ से ग्रहण करते हैं, किन्तु प्रस्तुत करने की शैली एवं पद्य वे उनके ग्रन्थ से नहीं अपनाते। पंडवानी के विकास का यह दूसरा सोपान कहा जा सकता है, जो इस शताब्दी (बीसवीं शताब्दी) के आरंभिक वर्षों में विकसित हुआ प्रतीत होता है।

पंडवानी के इस वर्तमान स्वरूप का जिसमें कथा वाचन के साथ-साथ अभिनय पक्ष भी समाविष्ट होकर एक नई नाटकीय एवं रोचक शैली का विकास हुआ,

उसका इतिहास भी अधिक पुराना नहीं है। पंडवानी की यह नवीन शैली जिसमें अभिनय एवं नाटकीय तत्वों का जबर्दस्त प्रभाव दिखाई पड़ता है, आंध्र की बुर्रा कथा के प्रभाव स्वरूप विकसित हुई प्रतीत होती है। छत्तीसगढ़ में तेलुगु भाषी, ब्राह्मण एवं ब्राह्मणेत्तर अनेक जातियों का आगमन मराठों के साथ-साथ हुआ। मराठों ने रतनपुर के कल्चुरियों को पराजित करके छत्तीसगढ़ पर अपने शासन की स्थापना की और बिलासपुर तथा रायपुर में शासन व्यवस्था हेतु अपने अधिकारियों कर्मचारियों की नियुक्तियां की। तेलंगाना से लगे हुए विदर्भ के दक्षिणी जिलों के द्विभाषी तेलुगुजन भी सर्वप्रथम मराठों के साथ छत्तीसगढ़ आए। इनमें से अनेक तेलुगु भाषी परिवार यहीं बस गए।

छत्तीसगढ़ में तेलुगु भाषी जनों का दूसरा बड़ा अप्रवासन या आगमन प्रथम महायुद्ध के दौरान हुआ। मद्रास रेजिमेंट की एक प्लाटून को रायपुर के बायरन बाजार में ठहराया गया था, जिसमें अधिकांश सैनिक आंध्रप्रदेश क्षेत्र के तेलुगु भाषी लोग थे। यह प्लाटून काफी लम्बे समय तक रायपुर में ही नियुक्त रही, और प्रथम विश्व युद्ध समाप्त होने के बाद उस प्लाटून के अनेक सैनिक रायपुर में ही स्थाई रूप से बस गए। इन तेलुगु भाषी सैनिकों के संपर्क से दक्षिण के कथावाचक, भक्त एवं कलाकारों का रायपुर आगमन होने लगा। इन कथावाचकों एवं भक्त कलाकारों में महाभारत की तेलुगु शैली के लोक कलाकरों का भी इस क्षेत्र में आगमन होने लगा। बुर्रा कथा शब्द तंबूरा कथा का अपभ्रंश है। तंबूरा बजाते हुए हाव-भाव के साथ प्रस्तुत की जाने वाली प्रयोगधर्मी महाभारत कथा को तेलुगु क्षेत्र में बुर्रा कथा कहकर पुकारते हैं, जिसमें तंबूरा का प्रथम अक्षर त लुप्त हो गया है, बूरा से बुर्रा बन गया है। बुर्रा कथा में तंबूरे को कलाकार न सिर्फ वाद्य के रूप में प्रयोग में लाता है, वरन् वह उसे कभी योद्धा की गदा के रूप में प्रयोग करते हुए नाटकीय स्थितियों की प्रस्तुति अभिनय द्वारा करता है। बुर्रा कथा और वर्तमान पंडवानी स्वरूप में विलक्षण रूप से समानता एवं सादृश्य स्पष्ट दिखाई पड़ता है। आजकल भी रेल्वे कॉलोनी में बुर्रा कथा के आयोजन होते हैं, जहां तेलगु भाषी बड़ी संख्या में रहते हैं।

बिलासपुर, रायपुर, धमतरी तथा छत्तीसगढ़ के अन्य कस्बों में बसे हुए सालेवार, नामपल्लीवार, तुमपल्लीवार, दसरवार, जक्कीवार, नारद, पिल्लीवार नायडू एवं अन्य अनेक तेलुगु भाषी परिवारों से संपर्क करने पर ज्ञात हुआ कि स्वतंत्रता के पूर्व

तेलुगु क्षेत्र के कथावाचक एवं भक्त कलाकारों का आगमन इस क्षेत्र में सतत होता रहता था। इन तेलुगु भाषी परिवारों को महाभारत की अभिनय प्रधान नाटकीय शैली की तो स्मृति है, परन्तु उस शैली का नाम बुर्रा कथा है यह उनमें से शायद ही किसी को याद हो। बुजुर्ग लोगों को इतना अवश्य याद है कि पंडवानी से उस शैली की काफी समानता है।

मुझे ऐसा प्रतीत होता है कि प्रथम युद्ध के बाद छत्तीसगढ़ में स्थायी रूप से बसने वाले इन तेलुगु भाषी लोगों के संपर्क के परिणामस्वरूप ही इस क्षेत्र से दक्षिण के बुर्रा कथा वाचकों का संपर्क स्थापित हुआ और बुर्रा कथा की शैली पर पंडवानी की प्रस्तुति में भी अभिनय का समावेश किया गया। पंडवानी गायन में अभिनय के समावेश से उसमें एक नया एवं अत्यंत कलात्मक आयाम जुड़ गया। अभिनय के समावेश के परिणामस्वरूप इस शैली में संगीत की संगत भी जुड़ गई और तब यह विद्या सिर्फ तंबूरे पर ही आश्रित न रहकर बहुविध बन गई। आजकल पंडवानी में तबला, हारमोनियम, खंजड़ी, मंजीरा आदि वाद्य संगत के रूप में प्रयुक्त होते हैं।

छत्तीसगढ़ में तंबूरे का प्रयोग या तो रामनांद के भजन गाने वाले भक्त जन करते हैं या फिर पंडवानी गायक। किसी अन्य विधा में तंबूरे का प्रयोग यहां नहीं होता। कुछ पंडवानी गायक तो तंबूरा केवल हाथ में लिए होते हैं और उसे बजाते तक नहीं। दरअसल तंबूरा हाथ में रखना पंडवानी के साथ रूढ़ बन चुका है। तंबूरे का विस्तार भी इस क्षेत्र में मध्ययुग में भक्तों के माध्यम से ही हुआ प्रतीत होता है, जो दक्षिण से मथुरा-वृन्दावन की यात्रा पर जाते समय यहां से गुजरते थे। छत्तीसगढ़ को उत्तर एवं दक्षिण तथा पूर्व एवं पश्चिम की सांस्कृतिक कड़ी के रूप में जब तक नहीं देखा जाएगा, तब तक अनेक कला एवं सांस्कृतिक स्वरूपों को ठीक-ठीक समझ पाने में अनेक कठिनाईयां होंगी। भक्ति आंदोलन का उद्भव दक्षिण में हुआ और उसकी दिशा दक्षिण से उत्तर भारत की ओर उन्मुख थी। छत्तीसगढ़ मार्ग में पड़ने वाला क्षेत्र था, जिस पर प्रवासी भक्तों ने अपना प्रभाव डाला।

पंडवानी एवं बुर्रा कथा के अभिनय में इतनी अधिक समानता पायी जाती है कि आश्चर्य होता है। यह समानता तथा प्रस्तुति की एक जैसी शैली इस बात का स्पष्ट प्रमाण है कि ये दोनों ही कला स्वरूप कभी न कभी निकट संपर्क में आए हैं। इधर कुछ पंडवानी गायक यह कहने लगे हैं कि पंडवानी के वर्तमान स्वरूप का

विकास उन्होने किया है। ऐसे वक्तव्य नितांत भ्रामक हैं और वे या तो दंभोक्ति कहे जा सकते हैं या उन कलाकारों का अज्ञान। दरअसल पंडवानी की वर्तमान में प्रचलित अभिनय प्रधान शैली का विकास बुर्रा कथा के प्रभाव से शनैः शनैः हुआ है, जिसमें अनके कलाकारों ने लगभग गत साठ-सत्तर वर्षों में अपनी-अपनी प्रतिभा एवं कौशल के द्वारा इस शैली का विकास एवं संवर्धन किया है। पंडवानी की वर्तमान शैली भी वाचिक परम्परा का ही अंश है, जिसकी प्रस्तुति प्रत्येक गायक अपनी-अपनी प्रतिभानुसार करता है। यद्यपि इस शैली को वेदमती इस मायने में अवश्य माना जा सकता है कि इसकी कथा सबल सिंह चौहान के महाभारत पर आधारित है, जो महाभारत की मूलकथा का पद्य स्वरूप है। छत्तीसगढ़ की पुरानी पंडवानी शैली, जिसे परधान एवं देवार गाया करते थे, उसमें लोक तत्वों तथा स्थानीय मिथ कथाओं की प्रधानता थी, अतः उसे कापालिक या स्मृति प्रधान शैली कहना तर्क संगत प्रतीत होता है।

-o-

निष्कर्षतः यह कहना मेरा अभीष्ट हैं कि छत्तीसगढ़ क्षेत्र सांस्कृतिक रूप से अत्यंत समृद्ध है। यहां पर परम्परागत अनेक लोक कलाएं आज तक इसलिए सुरक्षित रह सकीं उसका एक कारण यह है, कि यह क्षेत्र पर्वतों, वनों एवं नदियों के कारण एक लम्बे समय तक बाहरी लोगों के लिए दुर्गम बना रहा। प्राचीन काल से इस क्षेत्र में अनेक आदिवासी जातियां निवास करती चली आ रही हैं, जिनके अपने मिथक हैं, अपने लोक देवी-देवता हैं एवं अपने लोक विश्वास हैं। लोक धर्म एवं लोक विश्वासों के इर्द-गिर्द अनेक कथाओं एवं जातीय स्मृतियों का ताना-बाना बुना हुआ है, जिसमें कई प्रकार की कलाएं विकसित हुई है। इन कलारूपों में आदिवासियों की भावनाओं एवं आकांक्षाओं को भी कलात्मक अभिव्यक्ति मिली है। प्राचीन काल में नर्मदा के दषिण का यह प्रदेश दक्षिण कोसल कहलाता था व दण्डकारण्य इस क्षेत्र का ही एक अंग था। मध्य युग में इस प्रदेश का नाम गोंडवाना कहलाया जो वर्तमान छत्तीसगढ़ क्षेत्र से कहीं ज्यादा विस्तृत था।

उत्तर भारत से आए आर्यों के संपर्क से इस क्षेत्र में व्यापक सांस्कृतिक आदान-प्रदान हुआ। आर्य एवं आदिवासियों के संपर्क से अनेक पुरातन मिथकों के साथ नई कथाएं जुड़ गई व अनेक नये मिथकों का जन्म एवं विकास भी हुआ। पौराणिक कथाओं में अनेक ऐसे उल्लेख मिलते हैं, जिनमें आर्यों एवं आदिवासियों के गहरे सामाजिक सम्बन्धों की जानकारी मिलती है। पाण्डव बंधुओं में से एक भ्राता भीम का विवाह नाग कन्या से हुआ था और उससे घटोत्कच्छ नामक वीर पुत्र उत्पन्न हुआ था। आर्यों के संपर्क से यहां के आदिवासियों की जीवन शैली तथा संस्कृति किसी भी रूप में नष्ट नहीं हुई, वरन् और अधिक समृद्ध हुई है। आदिवासी भीम को वर्षा का देवता मानते हैं।

महाभारत में अनेक कथाओं का संकलन रोचक ढंग से इस भांति किया गया है कि वे मूल ग्रन्थ का अभिन्न अंग प्रतीत होती हैं। महाभारत को पांचवा वेद कहा गया है। वेदों का पाठ शूद्रों एवं स्त्रियां के लिए वर्जित था। महाभारत एवं भागवत पाठ पर ब्राह्मणों का ही एकाधिकार रहा, किन्तु छत्तीसगढ़ में महाभारत वाचन एवं गायन लोक जीवन में पहुंचकर स्थापित हो गया। पंडवानी पाण्डववाणी का संक्षिप्त रूप है, जिसका अर्थ है पाण्डव कथा। इस गाथा में महाभारत को वाचन के माध्यम से प्रस्तुत किया जाता है। महाभारत की मूल कथा के साथ अनेक गोंड मिथक व छत्तीसगढ़ क्षेत्र में प्रचलित कथाओं एवं धारणाओं का अद्भुत सम्मिश्रण पंडवानी में देखने को मिलता है। इस सम्पूर्ण गाथा का नायक भीम है।

मध्ययुग में परधान गोंड एवं देवार घुमंतु जनजाति के लोग गोंडवाना के सुदुर अंचलों तक गाथाएं गाने जाया करते थे। इन गाथाओं में पंडवानी में लोक रंजन सर्वाधिक होने के कारण, यह गाथा सर्वाधिक प्रचलित एवं लोकप्रिय थी। परधान देवार गायक इन गाथाओं को बाना या सारंगी (चिकारा) पर गाया करते थे। छत्तीसगढ़ के लोक कलाकारों ने इस गाथा को अपनाकर साज के साथ गाना आरंभ किया। धीरे-धीरे इनके प्रस्तुतिकरण में संगीत, नृत्य एवं अभिनय भी जुड़ते चले गये और इस गाथा गायकी ने एक स्वतंत्र शैली एवं कला रूप ही ग्रहण कर लिया। आरंभिक अवस्था में पंडवानी में ऐसी कथाओं की प्रधानता थी जो लोक में प्रचलित हैं, किन्तु जिनको लिपिबद्ध नहीं किया गया है। लोक में प्रचलित कथाओं पर आधारित पण्डवाणी को कापालिक या कपाल पर आधारित शैली कहा जाता था। धीरे-धीरे ब्राह्मण प्रभाव

से कपाल कथाओं को कांट-छांट कर शुद्धता का आग्रह बढ़ने लगा व शास्त्रबद्ध कथाओं का समावेश होने लगा। शास्त्रबद्ध कथाओं पर आधारित पंडवानी गाथा को वेदमती कहा जाने लगा। पंडवानी की दोनों शैलियां छत्तीसगढ़ के लोक जीवन में प्रचलित है। कापालिक शैली के गायक अपने ही द्वारा तैयार पाठ व गुटके को आधार बनाकर गाते हैं जबकि वेदमति शैली के गायक सबल सिंह चौहान के गुटके को अपनी गाथा का आधार मानते हैं। पंडवानी गायक छत्तीसगढ़ की अनेक आंचलिक लोक कथाओं को मूलकथा के साथ जोड़कर गाते हैं, जिनका महाभारत से कोई सम्बन्ध न होते हुए भी वे ऐसे लोक की रचना करने में सक्षम है, जो अलौकिक, धार्मिक होते हुए भी दर्शकों को उनके अपने वास्तविक लोक का साक्षात्कर कराती है।

छत्तीसगढ़ में पंडवानी अधिकांश रूप में नीची जातियों के गायकों द्वारा गाई जाती है। पुरूष एवं स्त्री दोनों की वर्गों के कलाकार, पंडवानी गाते हैं। वर्तमान पंडवानी गायकों में अनेक गायक एवं गायिकाएं तो हरिजन एवं आदिवासी हैं। पुरूष गायक आमतौर पर वीरासन में बैठकर पंडवानी प्रस्तुत करते हैं तथा स्त्री गायिकाएं खड़े होकर नृत्य करते हुए पंडवानी प्रस्तुत करती हैं। एक हाथ में तंबूरा तथा दूसरे में करताल लिएं पडवानी गायक वीरासन में बैठक पंडवानी को छत्तीसगढ़ी भाषा में गाते हैं। गायन में पद्य एवं गद्य दोनों का ही सम्मिश्रण होता है। अनेक अवसरों पर तो गायक स्वयं ही गद्य को पद्य की तरह लय व ताल के साथ पद्य की भांति ही प्रस्तुत करते हैं। गायिकाएं भी तंबूरे का प्रयोग करती हैं व गाने के साथ-साथ नृत्य भी करती जाती है। पंडवानी में अन्य संगीत वाद्यों में तबला, हारमोनियम, मंजीरा, खंजेड़ी आदि प्रयुक्त होते हैं। किसी किसी पंडवानी दल में बेंजो व क्लोरोनेट भी आजकल सम्मिलित कर लिए गये हैं। अक्सर संगत में साज पर चार या पांच कलाकार होते हैं एवं एक रागी होता है, जो पंडवानी कथा का गायक होता है। वह प्रधान गायक के साथ-साथ कथा गायन में योग दान करता है, व हुंकारे भरता है। बीच-बीच में अपनी टिप्पणियों से कथा को रोचकता प्रदान करते हुए उसे आगे बढ़ता है। पंडवानी के प्रसंग में यह विवरण उल्लेखनीय है कि पंडवानी गायन एकल अभिनय पर आधारित कथा गायन है।

पंडवानी प्रस्तुतिका विशेष महत्वपूर्ण पक्ष कथा प्रसंगों के अनुरूप वाचक कलाकार द्वारा महाभारत के पात्रों का अभिनय प्रस्तुत किया जाना है। पंडवानी गायन

करते समय कथा प्रसंग में जिस पात्र का वर्णन हो रहा हो, वहां पंडवानी गायक महाभारत के उस पात्र के विशिष्ट लक्षणों के माध्यम से उस चरित्र की प्रस्तुति करता है। अभिनय के इस पक्ष में चरित्र की प्रस्तुति अमूर्त से एकाएक मूर्तिमान रूप ग्रहण कर लेती है। तंबूरे को गदा की तरह कंधे पर रखकर मूंछे ऐंठते हुए जब गायक ऊंची आवाज में दु:शासन को ललकारता है तो भीम की छबि सामने मूर्तिमान हो उठती है। तंबूरे को सीधा खड़ाकर उसके तारों को धनुष की प्रत्यंचा के सदृश्य खींचकर जब गायक भीष्म पितामह का युद्ध के लिए आह्वान करता है, तो लगता है कि अर्जुन स्वयं उस पात्र में अवतरित हो गये हों। अभिनय का यह पुट ही पंडवानी गायन के साथ मिलकर उसे एक सशक्त कला रूप बनाता है। पंडवानी इस स्तर पर गाथा गायकी एवं रंगमंच का एक विलक्षण समन्वित स्वरूप प्रस्तुत करती है।

सम्पूर्ण पंडवानी अठारह दिनों तक चलती है। महाभारत के एक-एक अध्याय का प्रस्तुतिकरण प्रत्येक दिन किया जाता है। गांव के लोग अठारह दिनों का आयोजन अधिकांशत: नहीं करा पाते हैं अत: एक-दो या तीन दिनों का आयोजन कराते हैं। इस हेतु पंडवानी दल को तीन सौ से पांच सौ रुपये पारिश्रमिक स्वरूप प्रतिदिन के लिए देते हैं, साथ ही आरती में लगभग डेढ़ दो सौ रुपये चढ़ावे में आ जाते हैं गांव के लोग पंडवानी गायकों को अपना अतिथि मानते हैं तथा उनके भोजन, चायपानी की व्यवस्था करते हैं। पंडवानी गायक-गायिकाएं ग्रामवासियों में सम्मान की दृष्टि से देखे जाते हैं।

पंडवानी का आरंभ सरस्वती या गणेश वंदना से होता है, फिर पंडवानी के गुटके (पोथी) की आरती की जाती है। तदनत्तर गायक महाभज्ञरत के कथा प्रसंग को उठाता है। लगभग साढ़े आठ नौ बजे कार्यक्रम आरंभ होता है व रात्रि के बारह-एक बजे तक जारी रहता है। छत्तीसगढ़ के अन्य कार्यक्रमों जैसे नाचा या रहस की भांति पंडवानी सम्पूर्ण रात्रि तक चलने वाला कार्यक्रम नहीं है।

वर्तमान में पंडवानी के प्रसिद्ध गायकों में श्री झाडूराम देवांगन, पुनाराम निशाद, रेवाराम आदि को माना जाता है। झाडूराम जी को मध्यप्रदेश शासन ने शिखर सम्मान से भी सम्मानित किया है। पुनाराम निशाद केन्द्रीय संगीत नाटक एकेदमी से सम्मानित हो चुके हैं व यूरोप के अनेक देशों का भ्रमण कर पंडवानी की प्रस्तुति कर चुके हैं। रेवाराम प्रतिभाशाली नवयुवक कलाकर हैं, जो देश-विदेश में अनेक

स्थानों पर पंडवानी प्रस्तुत कर चुके हैं। रेवाराम की शैली में हास्य व गम्मत का पुट अधिक है।

महिला पंडवानी गायिकाओं में तीजन बाई, लक्ष्मी बाई, प्रभा यादव, पुन्नी बाई, शांतिबाई चेलक, ऋतु वर्मा एवं उर्मिला बाई आदि अनेक कलाकर सक्रिय है। तीजन बाई निःसंदेह इन सभी में सर्वश्रेष्ठ कलाकार है। तीजन बाई भारत महोत्सव में फ्रांस हो आई है। पेरिस में तीजन बाई ने अपनी आदिवासी सुलभ उन्मुक्ता से सभी दर्शकों को अत्यधिक प्रभावित किया। पंडवानी की प्रतिष्ठा सुसंस्कृत एवं प्रबुद्ध जनों में बढ़ने से लोकजीवन में भी उसकी पुनर्प्रतिष्ठा हुई है और उसके भविष्य के प्रति आशाएं बढ़ी है। लगता है लोक गायकी एवं अभिनय का यह कलारूप अपने श्रोताओं का प्रश्रय पाकर न सिर्फ लंबे समय तक सुरक्षित रहेगा वरन् छत्तीसगढ़ के जनमानस को भी लंबे समय तक संस्कारित करता रहेगा।

अनुक्रम

पंडवानी

महाभारत की एक लोक नाट्य शैली

अध्याय-1

पंडवानी साहित्य-1 : परधान पंडवानी

महाधान की लड़ाई

नगर बैराठ से पंडवा जैतानगरी मा वापस आय गैन। बाग बगैचा, हरियान लागनि। कुंआ तालाब भर गैन। राज भर का राजी खुशी भैगेस हो ...।

धरम दुलारे पंडवा आय गैन दादा
जैतानगरी मा हीरा बाग, बगैचा
हरियान लगिन भाई कुंआ तलैया
भर गैन हैं ददा महल अऊ अटारी
सज गैन्हें भैया सोन्नेन के महला
चांदी के चौका रूपे के खम्बा
जगमगान लागिन दादा धरम दुलारे पंडवा आइगहन हैं हो ...

हो ... पंडवन के सूने मा जेन जैतानगरी सून-भैगे रहै, बाग बगैचा उजड़गै रहैं, ताल-तलैया, सुखाय गैरहैं। महल अटारी सब गिर गै रहैं। सूने महल का कांवा बोले कांव रात के लिडैया बोलैं हुआ हुआ। तेन सब जग मगान लागनि हो ...।

बए खुशी-भैगे पर जामा भैया
आप गैन दादा धरम दुलारे रे
भीड़ नहीं छटे दिखयूयन की दादा
मेला साही लगगैं जैतानगरी मा भाई रे।

हो ... पंडवन ला देखे के मारे लोग चले आय रहे हैं। हो ...

माता कोतमा कहथे भीम से। भीम बेटा! नै होतिस तो राज भरमा खबर कराय देते तो सब्बे झन मिल लेतिन जेला मिलना होतिस।

हौते अभी जाथौं, कहत निकरे है मिम्मा ! इतना तो चाहतै रहै मिम्मा।
निकरे है टोला मा
बुलाचे हवै राज भरके
कोटवारन ला भैया
सुनाये हवै हुकुम रे मिम्मा

जाव तुम राजभर के बजगिरिन ला निकारो। गांव गांव मा बाजा बजवाहो और खबर कर देव कि पंडवा आय गैन हैं। हसनापुर जरूर जाहो छोड़ हो झैं।

अब भगे हैं कोटवार निकरे है बजगर
डफला अऊ नंगाड़ तुरही और ढोल
मांढर और टिमकी सिंग बाजा लमतूरा
निकारे हैं दादा, राजभर में मुनादी करदे है हो ...।
सुन सुन के भैया गांव के डैका डैकी
गांव के टूरा टूरी गांव के सियान सियानिन
पोतकी मा ठोला धरे मुटकी मा भेंट बाधे
तेंदु अऊ मिलमा चार और सगड़ा
घुई और डूमर गुरू सकरी मकोइया
बेर और मौहा जंगल के फल भैया
लम्पा के चांऊर सामा के चांऊर
तीखर के कांदा बैचांदी भैया
घर घर कें मुटकी भेंट लैके दादा
सब जैतापुर आय रहे हैं हो ...

हो ... पंडवन से जैतापुर मा पंडवन से भेंट करथै। चूमा चाटी करथैं, हाल चाल पूंछ थै। और भेंट देगे लौट जाथै। हो ... दिन रात जैतापुर मा भीड़ के नैहां ठिकाना रे भाई।

सूजी की नोक मा जैतापुर नौ लाख टोला बसे है। एक-एक टोली की आबादी एक एक लाख रहै।

सब जनता चली आय रही है पंडवन के दरसन खौं हो।

इहां के हाल तो ईहां छोड़ थौ हसनापुर के सुना थौ रे भाई

जौन दिना ले पंडवा लाखा महल मा भाई

आगी मा जरके मरगइन रहे दादा

ओही दिन ले हो ...

कंवरन के छाती के दाह बुझज़यगे रहै हो ...।

कंवरा अपन मन मा खुशी खुशी रहथैं

रस्दा के कांटा ला दूर फेंकिन भाई

मरगैन्है पंडवा खुशी हौथै भाई।

रात दिना पंसा में भुलाये अर रहथै हो ...।

हो ... जब सुने है ढोल बाजा के आवाज। कोटवार चिचियाय के रैर दै रहे हो। कहथै पंडवा जीता जिन्दा अपन राज मा आय गैन भाई हो। जिनला दर्शन करेला होय। जिनला मिले ला होय। मिल जाओ हो ...। अचकाय गैन है कंवरा।

कहथैं या कैसना होई सकथै। उनतो लाखा महल माजरभुंज के राख भैगैन हैं।

कोन्नो कहथै कोन्नो छल झै करे होय। पंडवन के रूप धरके ठगे ला आये होंय। न होय तो कोन्नो देख आजी। संसय हर कहेला रह जाय। ऐसे पंडवा अपन मन मा सोचा। विचारी कर रहे हैं।

कंवरन की सभा में होथै विचार भैया

केला पहुंचाई

देखन ला भाई।

एक झन कथे न बन-तिसता सगनी मामा जातीस। सबझने कहिन ठौके आय ठौके आंय।

अब चलें हवैं सगुनी रे मामा

लीली बछेरी मा भये है सवारा रे भैया

घर लये है, जैतापुर के रस्दा रे भाई
जाइके पहुंच गैहैं जैता नगर रे दादा ...।

हो ... एक सुजी की नोक मा नौ लाख टोला बसै है जैतापुर। एक एक टोला में एक एक लाख बसीगत हवै। जाइके पहुंचे हवै सगनी मामा ये हो ...।

कहथै ओ बहनी ओ बहनी। बहुत साल मा आये निकर चुटुक पायं तो पर लेंव री।

अब निकरे है माता कुन्ती लोटा मा पानी धरके हो ... कैसे पांय पर रहे हैं सगुनी कोतमा माता के। कैसे हाथ पाव धोय के पलका मा बैठे है। कैसे हाल चाल पूछ रहे हैं बहनी से। कोतमा माता बैसे रोय रोय के बताय रहे है हो ...।

अब कैसे माता सगुनी मामा से भैया
अपन सब विपदा ला रोय रोय बताय रहीसी हो ...।

हो ... सगुनी मामा आंसू बोहाय रहे हैं। कहथै नै बनी मनेज कहां हवै?

पंसासारी खेतल होही बलाय देथों।
अब बुलाय हवै पंडवन खों हो ...।
आये हैं पंडवा पांचों रे भाई
बैठे हवै पलका मा सगुनी रे मामा
मिल भैंट रहे हैं भैया पांचों रे पंडवा
सगुनी मामा केआदर सत्कार कर रहे है भाई ...।

हो आदर सत्कार मैं रहे है। किसम किसम के पकवान बन रहे हैं। मामा ला खवाय रहे हैं।

हो ... कैसे द्रौपदी परस रहे हैं मामा ला। मामा देखये नगर भर के द्रौपदी ला। नै हा ठिकाना अंगरा साही दगदगाथै। कथै बहनी से नैओ दीदी या कहां के टूरीआय। कहां ले ले लाने अस।

कहथै कोतमा सुनले ओ भैया
शहर है गिरदावली जहां राजा दुरपाल हवै

ओहिच की बेटी हवै द्रौपदी नाम है रे
अर्जुन जीत के लाने है रे ...।

भैया या मोर बहु आय। पांचो लरकान के बीच में एक ठन बहु है। अर्जुन एला जीत के लाये हवये हो।

हो ... सगुनी मामा के पेट मा खलबली तो मचगै। कहथै नगदै हवै या तिरिया के पछारू अब लड़ाई होही कंवरा पंडवान से। ऐसे मन मा सोच रहे हैं मामा सगुनी हो ....।

अब चले हवै सगुनी हसनापुर खो भाई
द्रौपदी की सूरत दादा नही तो भूलै सगुनी
घोड़ा ला कुदावन चलै जाथे भैया।

जाके पहुंचगीस हसनापुर नगरी हो ...। हो जाय के बताय रहे है। कैसे सगुनी मामा राजा जुरयोधन से।

नहीं मांच साची आय। मैं अपन आंखी ले देख के आये हों का झूठ पतियाथो। मामा बोल रहे हैं हो ...।

अब पड़गैन भैया सोच मा रे कंवरा
कैसे मा बचगैन लाखा महल से रे भाई
कहां जो पाय गैन मुंह चिकनी हर लुगाई
हमार कब्जा मैं गैसी जमीन जघारे भाई
कैसे रहन पाही पंडवा रे दादा
मार के भगावों न राख बो दादा।

हों ... कैसे सोच रहे हैं कंवरा। जमीन जाधा सब हमार कब्जा मा हवै। हम कैसे के रहन देबो।

हो ... कैसे सोच रहे हैं कंवरा। नहीं रे अपन मेहतरिया का हमन दै देंय ते रहे आवें।

हों ... कैसे लिख रहे हैं परवाना। सुनो रे तुम पांचो भाई। पंडवा अपन लुगाई द्रौपदी ला हमार दिगा भेज देव। तेखर बदला मा तुम जमीन आधा लै लैव।

मजा मा रहे आवो। नही भैजो ते लड़ाई लेओ। अखर चूरी फरिया पहिर के निकर जाओ।

ऐसना परवाना लिखे है जुरजोधन हो ...। अब सोच रहे है परवाना केरवे हाथ भेजे जाय नहीं मामै ठकी हवै। सबझन बिचारिन।

अब चले हवे दादा लेके परवाना
सगुनी रे मामा लीली बछेरी
सज गैसी भईया सोने के करहारी
सोने के पलैचा चांदी के रकाब
मोती के झालर सजे हैं बछेरी
बैठे हैं मामा घोड़ी हता मां उड़तजान लागिस ...।

हो ... जाइके पहुंचे है जैतानगरी। खबर भैगे मामा आइन हैं। बहनी निकरे है लोटा मा पानी धरके। भैया के पांव धुवाएं ला। द्रौपदी पांव पारिस अपन मामा ससुर के। सब पंडवा आय के मिल भेंट रहे हैं। का सोच रहे है भिम्मा? कथै।

कछु हवै धोखा कैसे मा आइस
या मामा दादा अभी तो गये रहै
अब कैसे आइस कछू फंद रचे है।
मामा रे दादा एखर करनी के मजा चखा हूं हो ...।

हो ... जब भेंट है मिम्मा मामा ला। छाती ले चिपका के जेन सम्मत मसके है चरचराय के अढ़ाई पसुरिया टूट गैन मामा के।

ये दादा रे मर गयो ओ झल कहके पलका मा गिर परिस मामा। माता कोतमा कहथै का भैंस भईया, का भैस रे (सगुनी के बोल नहीं फूटै। मिम्मा कहथै कछु नै होय। मामा लट गैसी दुरिहा ले आयेसी लेन कि गैसी तेन हर चुटुक सो ही अऊ का। जाव भैया पानी तव पाय के लान हो मामा ला नहवाबो। आने लट गईसमामा।

तपाय रहे है पानी पंडवा रे भैया
मामा के नहवाये के भैगइन है तयैयारी

खल बलाथै पानी गधरा में दादा
मामा ला लै जाथें पथरा ऊपर भाई।

हो ... जैन बखतमा खल भलात पानी डारे हैं मामा के मूंड ले।

हो ... अचल गै मामा मूड से गोड तक। लै जाइके सुवाय दैन मामा ला पलका ऊपर। अब भीम कथे चुटुक तेल लाना मामा के मालिसकर देबी।

लाये हवै तेल नूनअऊ मिरचा
मिलाय के दादा फेट हवै तेल
अब नहीं ठिकाना होन लगिस मालिस

हो ... जेन बखत मा नून मिरचा मिलाय के तेल के मालिस करे है मिम्मा। मामा मछरी सां ही तलफन लागिस। चिल्लान लागिस मामा। भीतर ले भाई कोतमा कहथै का आय भैया का भैगे। इहां ले मिम्मा कहथै। कुछ न होय माता। मामा थक गइस। पांच पिराथे लेन आय मालिस करदे रहे हो। कहथे माता तै झन फिकर करबे अपन धंधा देख, मामा के सेवा मा लगे हन।

हो कैसे कहों भैया मिम्मा की करनी ला
मामा की सेवा कइसे करथै भाई
तेल मालिस भइया हुई रही सी दादा
पीरा के मारे मामा छटपटा थै
नहीं है ठिकाना नहीं छोड़े भीमा
बेहोश-भैगे मामा सुघनई आय रे
तब कहथै मिम्मा नींद आय गीस भाई
अब चुटुक थोड़ी की मरम्मत भी कर लेव।

हो ... का कहने हैं। मिम्मा बड़े बड़े सब्बल तपाय रहे हैं। कहथे चुटुक घोड़ी के सेवा भी कर देवो।

हो ... घोड़ी देख रहे है। मन मा सोच थे। दादा अब तो मरना भै गैसे या मिम्मा तो मोर हाथ पांव दाग देही।

घोड़ी सोचे है मनमा अब भैगे भरना
दाग देही दादा नहीं बचै पराना
काटे हैं रसरीला छोरे हवै गिरमा
आये है सगुनी ढीगा ...।

हो ... मुहमा पकरके जब उलझारे है सगुनी ला। तेन सम्पत धमाक ले पीठ ऊपर गिरे है सगुनी। पीठ मा लाद के घर भगिस घोड़ी।

ऐ है रैना रई भै गैस। मिम्मा देख देख के हंस रहे हैं। सब पंडवा भीमा की करनी को देख हंस रहे हैं। ऊं हां घोड़ी के नैहां ठिकाना अंधा धुंध भग रहे है।

भग रहे है घोड़ी अंधा धुंध भाई रे
रैया रैन दादा भगत जायै भाई
जाइके पहुंच गैसी हंसनापुर भैया
कंवरन के आगू मामा ला लैजा के कचेरे हवै हो ...
ये दादा भाई रे अकबकाय गैन कंवरा
दौर परिन दादा मामाला उठाइन हो
मामा रे दादा अहंड तंहड़ होथे
पानी पी पी के भैया सफ्फा हाल सुनाथै।
कहैथे मिम्मा जा गत कर दैसी हो ....।
सुन करके कंवरा गुस्सा नहीं समावै
देख लेबो भाई इन पंडवन ला दादा
कर दै हैं तय्यारी लड़न की भाई रे
देश देशन मां भेज दे हैं खबरूवा।
महाधान की लड़ाई की भै रही तैयारी हो ...।

अब इहां रे भैया जब पलका ऊपर पड़े है नजर भीमसेन की भाई सगुनी मामा के लाये हरा पर बाना गिरगे रहे दादा। उठाके परवाना सहदेव राजारबों दये हवे मिम्मा। कहथै बांच के सुनाव तोरे भैया। का लिखे है परवाना मे रे भाई। सहदेव बांच रहे है परवाना हो ...

हो ... सहदेव बांच के सुनाय रहे है परवाना। कथै भईया गजब भैगै रे। द्रोपदी भौजी ला मंगाय रहे हैं कवरा। कथै काय लिखे है परवाना में। कथै लिख है जैतापुर मा रहना होय तो द्रोपदी ला पठाय देवो। नहीं तो लड़ाई बर तैयार रहो।

हो सुनके परवाना सब पंडवा सोच मा परगैन हैं। हो ...।

सोचै थै रे भैया मूंड औ धाए दादा
माता कोतमा रे भाई सोच मा परगैसी
कैसना करी दादा इन कंवरा रे भाई
नहीं रहन देही अपन अपन सगन ले
कहां तक लरबो न होतिस भैया
द्रौपदी ला दे दे तेन झगरा पटाय जातिस हो।

हो पंडवा विचार कर रहे हैं कहथै न हो तिस तो द्रौपदी ला पठाय देतेन। टंटा टूट जातिस। कहां लग लरबो। या तिरिया मन लएाई जर आय। नगदै होतिस एला टार दई।

या तिरिया भैया मूंड कटाही रे
दे दई ऐला झगड़ा पटाय जा ही
सोचै थै पंडवा पर भीम नहीं मानै हो ...।
नहीं माने भिम्मा नहीं जान दे हूं
द्रोपदी ला भैया
पूरब के सूरज पश्चिम में ऊगे।
जमना केधारा उल्टा बोहन लागे
न बन ही भैया या बात दाऊ रे
द्रौपदी न जाही कंवरन दिगा दादा
चाहे तन धूरा मा मिल जाय हो ...

हो ... भिम्मा नहीं माने। कहथै द्रौपदी ला नहीं जान दे हूं। चाहे तन धजि धजि उड़ जावै। पंडवा अपन बात मां अड़गैन। कथै द्रौपदी का देके टंटा तोड़ लेई।

हो ... जब नहीं माने पंडवा तब मिम्मा ला गुस्सा आई सी।
हो ... भिम्मा अपन कला बगराये है।
हो ... धरती से अकास लग बढ़ गैस

तिली की चकराई परवत की लमाई भै गैस
झोड़ी और भरका बरोबर आधे सरग भा गोड़ फुट आप गै मिम्मा के।
पाला घाट सांही मुंह बाय दैस भीमा
डोंगरी धाई नाक लमाय दैस भीमा
गोर बरोबर आंखी भैगेन सपा बरोबर कान
भरू बरोबर डाढ़ी भैगैसे
छिरी घास बराबर मूछै भैगैन भिम्मा की
घर घर घर घुर घुरान लागिस भिम्मा
घर भर के किरविन लागिन। कहथै बेटा या काहिन करथसरे कहथै।
तुम नही मानो तो मै काहिन करौं। मैं अकेले तुम सबन ला मार डार हो।
अखर द्रौपदी ला न जान दे हूं।

माता कोतमा कहथै। बस बस बस। अपन भार समेट ले। द्रौपदी न जाही। तोरेच कहा मानवो। तब समेटे है अपन भार भिम्मा हो ...। अब पंडवा लड़ाई की तैयारी करन लगे हैं हो ...।

अब द्रौपदी रे भाई मन मन मा गुनथै
दुरयोधन रे राजा इक्कीस भाई कंवरा
बहुतै सुख देही इन पंडवा रे दादा
डूंगरा मा फिकराय के भूखन के मारे
मार डारिन दादा राजा संगराम घर
गोबर डारत डारत हाथन मा दादा
किंदरी तो भगैन अब फिरकै रे दादा
लड़ाई ठनन लगिस फिरके रै दादा
जंगल मा दाइ मारे मारे फिरबो।

न होतिस ता कंवरा मन के मेहरिया बन जातो तो बेस रहे महलमा बैठ बैठ राज तो करतेंव ऐसा सोच रहे हैं द्रौपदी हो ...।

कैसे मा छुटकारा पाऊं रे दादा
इन पंडवन से भाई जियतजी तो भैया
न छोड़ ही मोला ऐखर मारे देवा
कछु कछु उपाय तो करनेच पर ही।

हो... ऐसा सोच रहे हैं अपन मन मा द्रौपदी माता कहथै। जीयत जी तो पंडवा मोला छोड़ही नही। जीत के लाने है। कछू न कछू उपाय करो। तेन द्रौपदी भिम्मा ला बुलाये हवै। कहथै–

हो ... कहथै नै रे देवरा। जबसे बिहाव करके लाने हो मोर हाथ से एको दिन रांधा भात न खाये होवो। आज मोर हाथ के भात खाय लेतेव। लड़ाई लगजाही तो कौन जाने खंवाय पाहूं जो नहीं। भीमा कहथै होते भौजी बनाव। आज तोरच हाथ के खाबो।

अब करे है तैक्षारी माता द्रौपदी
खाना की भैया बरा और सुंहारी
दार अऊ भात हो गोदला अऊ बवरा
गुखरी ठिठरा लफ्सी और लाटा
बनाय डारिस दादा ....

तरह तरह के खाना रांधे है द्रौपदी हो।

हो ... अब गइस द्रौपदी कानी चमारिन ठिका कहथै–

ओ चौधरन दीदी पांच सेर माहुर
मोला दे दे दीदी अअका पर गैसी
पैसा लै ले दाई झै बतावे दीदी
कोन्नों ला चैधरन तोर पांव परथों ओ ...

हो ... चमारन से पांच सेर माहुर लाइके द्रौपदी सब खाना में मिलाय रहे है।

हो ... अब बुलाय है पांचो भाई पांडवन को खायला।-बैठारे है। पटा मा। पानी दिये हैं। खाना परोसे है।

हो ... खाय रहे है पंडवा खात खात जहर चढ़ रहे है। पंडवन को। झूम रहे है पंडवा झूमत झूमत ढेर मैगइन पंडवा हो ...।

अब द्रौपदी रे भैया भगन मन भैगे
अच्छा भैस दादा टंटा टूटगैं हो
बहुते सांसत कट्यो तेन मैं आज छुटकारा
अब जाहूं दादा हंसनापुर नगरी
जुरजोधन राजा खूबै धन दौलत
इक्कीस भाई कंवरा बनहूं मैं रानी

ऐसा सोच रही है द्रौपदी अपने मनमा हो। हो द्रौपदी एक गोरमा हरदी धीरे है अऊ ओला मूड ऊपर धर के चले है हसना नगरी को।

अब चले हैवे द्रौपदी गगरीमा हरदी
घोरे हवै भइया। मूड ऊपर धर के
दौरेंया रेंगथे हसनापुर के रस्दा
घर ले है दादा जाइके पहुंच गईस
कंवरन के ठिका केंवरन के भैया
पड़ी हवै फौज फाआ नहीं है सुमारा
खेत बुहर गैसी जैता मलखम्बा
गड़ गइस भइया पूरे तैयारी
लड़ाई केरे ददा कंवरा कर डारे
हैं रे मोरे हीरा ओ ही बीच द्रौपदी
हरदी के गधरी घरे मूड़ उपर
पहुंच गै है दादा।

हो... सगुनी देखले कहथै। ओ दे मांचा आइ गइस द्रौपदी।
हो ... द्रौपदी जाइके इक्कीस भाई कंवरन पर हरदी सींच दे है।
हो ... का बोल रहे है कंवरा। कहथै अरलै भेक्ष घर बैठे मेहरिया आय गैस।
हो ... द्रौपदी कंवरन की महरिया बन के बैठ गई सी हो।

सुनि लेव रे भैया इक दिना की बात रे दादा
नगर बैराट से जब रेंगिन पंडवा संगे चलिस दादा

कोतमा अऊ द्रौपदी सात लाख गोरू और
नौ लाख छेरी। मानत की देवी
और पूजन के देवता। मानत की देवी
चल दैनू है दादा जैतानगरी के लाने हो ...
चलत चलत दादा एक जघा भाई
पर गैसी डेरा नदिया मा भईया।
गै है नहावन द्रौपदी रे माता
घोकर के चिथरा बगराय दइस दादा

दुरिहा से एक गैया लानौ बिजरा रगेएत लान रहे है हो ...

बा सुरही गैयार बर दौर मारे भाई
नौ ठो रे नटवा लैये रहे दादा
भगत-भगत आइस कपड़ा ला खूंदत
चल दिस दादा द्रौपदी देख के गुस्सा भैं गैसी हो ...।

कहथै द्रौपदी जारी गैया तोर ललातै दिन नाही एक से कभू पेट न भरही तोर।

अब सुन लइसी भाई सुरही रे गैया
द्रौपदी के बानी लौट परिस गैया
पास आके कहथै तौं मोला कह थस
अखर तहुं सुन लेवे ...

पांच खसमन मा तहुं न अधावे। कोऊ दिना इक्कीस करवे ये ही सराप के मारे द्रौपदी इक्कीस भाई कंवरान की मेहरिन आय के बैठ गई सी हो...।

अब इहां की बातें तो इहां रे छोड़ो भैया
पंडवन का हाल सुनाथो रे दादा
पांचो भैया पंडवा मुरदा भैं गइन है भाई
माता कोतमा डुंड पुकार के रोय रहे है हो ...।
झैं बताओं दादा छत्तीला पीट पीट
रो थै रे कोतमा मोर बेटा भिम्मा

तुड़ंग और सहदेवा नकुल और अर्जुन
कहांपाहुं तुमला धन री कुलच्छना
वंस मिटाये दयेरी द्रौपदी हो ...।
अब कोतमा माता रे भैया।
अजुध्या नगरी की करै है तैयारी रे दादा
भगवान खो विनती सुनाहो रे देवा
अब चले हवै कोतमा माता अजुध्यापुरी को हो ...
हाथ मा कमंडल धरे
पांव मा खड़ाऊ पहरे
माथै मा तिलक छापै
गरे मा गौमुखी माला
हाथ मा सुमरनी धरे
चलत चलत माता कोतमा
पहुंच गैसी अजोध्या नगरी हो ...
हो ... भगवान देखे हैं कोतमा माताको ...

दौड़ के पांव लावे है कोतमा को। पांव धुवाएं है आसन मा बैठारे हैं। पूछ रहे है भगवान कोतमा से बहनी कैसे मा चले अपने मन का भेद बताव हो ...।

रोय रोय के माता कोतमा बताय रहे हैं भगवान से रे दादा का
बताऊ तोला हाल रे दाऊ कैसे बंसनाश कर दिस द्रौपदी हो ...

हो ... होय रोय के कैसे बताय रहे हैं माता कोतमा। कहथै द्रौपदी के करनी ला गाय के कह रहे हैं।

गुनके भगवान तुरत चलने की तैयारी कर रहे है हो ...
तीन लोक के देवता छघन कोट के ठाकुर
बावनगढ़ के राजा फौज और फाटा
तैयार भै गैन रे भाई ...।
अब चल दै - दै भगवान जैतानगरी के लाने हो ...।

दौरादौरी भगवान जैतानगरी मा पहुंच गैन हैं। जाय के देखे है महलमा। पांचो भाई पंडवा मुरदा पड़े है। जाके हाथ फेरे है पंडवन के ऊपर। पंडवा सब जी उठे है।

हो ... कैसे पांव पर रहे है पंडवा भगवान के। कैसे मिल भेंट रहे है। कैसे चूमा चाटी ले रहे है सो माता कोतमा पंडवन की। अब बैठ के बातचीत कर रहे हैं सब झन रे भाई।

अब बोले हवै भगवान तुम सुनिलेव रे भिम्मा
बड़ा वीर मरदाना अपने ला लेखथस
अखर तोर मरदुमी कहां घुसेंगे रे।
तुम्हार मेहरिया लादाऊ दूसर कोन्नो ले जायं।
धिक्कार हवै तुम्हर जिनगानी रे भिम्मा
हो ... तुम्हार मेहरिया तुमला माहुर दैके भग गैइस।
दूसर मजा मारथै अऊ तुमन ईहां बैठे हो। धन रे तुम्हार ये मूंछे। भिम्मा।
काहेला रखाये हो मुड़ाय डारो इन ला।

अब गुस्सा होके बोले है भीमसेन रे भाई ... हो ... भगवान से बोल रहे है भीमसेन कहथै भगवान मैं अभी लावाथौ रांड ला। तुम ईहां बैठे रहा।

अब चले हवै भीम कंवरा दल में हो ...
अब मोरे भीमा चल दइस भाई
बुसटान ठेंगा, गजा डांग भैया
घर के रे मिम्मा रंग देइस दादा
पहाड़ सां ही दादा रूप बिगराये हो।
जाइके पहुंचे हवै डोंगरा तीर मा हो ...।

हो... देखे है द्रौपदी का देखे है मिम्मा आव रही सी। मोला ले जाने के लाने। ओ ही सम्मत मा द्रौपदी देवी के रूप धर लये है।

देवी का रूप दादा द्रौपदी तो घर लैस
आगी साही आंखी बरन लागिन दादा
नौ कोस की जीभ लपलपाल लागिस भाई

हाथ मा खप्पर धर लैसी देवा
अब चले हवै भीम मरदाना पटी हो ...

हो... खप्पर से आगी निकर रहे है। बाराबारा कोस के वनजंगल जरके भसम भै रहे हैं। देवी द्रौपदी धीरे-धीरे म्मिा कोती चले जाय रहे है। मिम्मा ठाढ़े है। नही परै हिम्मत आगू बढै की।

जैसे जैसे द्रौपदी आगू कोती बढथै
वैसे वैस भैया आंच बढ़त जाथै।
भिम्मा की देही कैसे तपन लागिस
जैसे चूल्हा ऊपर के तवा तपथै दादा
मसूरी बरोबर बेला बरोबर,
फोरा आवन लागिन हो ...
अकबकाय गै भिम्मा आंच के मारे हो।

हो ... भगै है भिम्मा पछारू पांव देके। नहीं परै ठिकाना।

अब भगे हवै भिम्मा रगडै हवै द्रौपदी
पंडवन ला खाहू कंवरन ला बचाऊं
ऐसे कहत जाथै भिम्मा ला भैया
खदेरत जाथै हो ...
लै जाय के जैतापुर मा भिम्मा ला घुसेर के द्रौपदी
कंवरवन ठिगा लौट आइस।

हो ... कैसे बेहाल होई रहे मिम्मा। देह केर चमड़ा उकल गैसी। भुंज गैसी। देह भर मा फोरे-फोरा मै गैन हे।

हो ... अकल बकल जीव मे जाथै मिम्मा के जरन के मारे तलफत पर गैहे मिम्मा के।

हो ... उठे है, भगवान हाथ फेरे है शरीर मा। ठंडा शरीर मे गैसी भिम्मा के जैसना का तैसना शरीर मैं गईस। अब कहथै भगवान। ने हौ मांचा। कैसना मूंछ मुरेरत गये रहे हो। अब जो मेहरिया रगेड़त रगेड़त घर मा घुसेर दईस। भिम्मा ला बड़ गुस्सा

आइस कहथै भगवान तोर किरिया खाय के कहथों अब रांड ला लायके छोड़ हूं नहीं तो ऊंहे मर जाहूं।

अब फेरच के भाई चले हवै भिम्मा
गुस्सा मा भरके गजा डांग धरके
चलै जाथै दादा दुरिहा ले भाई
देखे थै द्रौपदी भिम्मा कसलाग थै
फेरच के आथै लहट गैसी जो का
उठे हवै द्रौपदी देवी का रूप लये
हाथ मा खप्पर बारे कोस कोस के लटा छिटकाये
दौरे हवै भैया बारा कोस के सुखराई
भसम होन लागिन अब नै हां ठिकाना
गरमी के मारे भिम्मा रे भैया तवा साही दादा
तपन लगिस भाई का कहबे दादा
कोरा परन लागिन भिम्मा अकबकान लगे है हो ...

हो ... भिम्मा न ही भगै। ठान के आये है अपन मनमा द्रौपदी ला लैज के छोड़ हूं चाहे जीव चले जाय।

अपन देही के खलरीला
पलटाए हवै मिम्मा
ऊपर के कच्चा खलरीला
भीतर करे है भाई
भीतर के पक्की खलरीला
ऊपर करे है भैया
अब नहीं तपै खलरी
खड़े रहगै भिम्मा
ढिंगा आथै द्रौपदी
कहथै कैसे मा नहीं भगैना काहिन
लगाय के आइसी आज खलरीया

हो ... जब ढिगा आइसी द्रौपदी। जेन बखत पकरै नही हाथ द्रौपदी के रछ, रछ, रछ, रछ लै जाय के जैतापुर में ढाढ़ कर दैस भगवान के साम्हूं। हो ... द्रौपदी ला भाव चढ़े है। कहथै पंडवन खों खाऊं क्वरन खो बचाऊ। नहीं मानै देवी रूप में गैसी। लै जाय के अंध कोठा मा धांध दैसी द्रौपदी ला। बाहर ले सांकर तारा लगाय दई सी।

धंधे हवै द्रौपदी अंधा कोठा मा भइया
नहीं उतरै भावरे नहीं बुझे खप्पर
गरमी के मारे गांव जरे जाथै
का करजी दादा कैसे बुझे खपार
बोले हवै भगवान सुन बेटा सहदेव
चुतुक देख बेटा सगुन तो बिचार रे
कैसे शान्त हो ही देवी का खप्पर।

सहदेव पोथी खोल के देख रहे है हो ...

हो ... सहदेव बांच रहे है पोथी। क्यां बांच रहे है सहदेव। पोथी नही बोलै। पोथी के अंसुवा ढ़रक रहे है।

पांच पेड इमली के पत्ता गिनिस
पांच धर के तिन बंधना गिनिस
भरे बादर के तरैया गिनिस कोठी
भर के तिली गिनिस
भर हंड़िया के सीता गिनिस
भूरा कुम्हड़ा के बीजा गिनिस
चार महीना के बूंदा गिनिस
भरे समुंदर कंच मंच गिनिस
हरे पहार के रूख राई गिनिस
भर बगैचा के चिरई चुनगुन गिनिस

इतना पर भी पोथी नहीं बताय रहे हैं हो ...। पोथी के अंसुवा दरक रहे है हो भाई।

हो ... सहदेव गुस्सा मा थर थरावन लागिस। कहथै बारा बरस पोथी सेव हों। पोथी नहीं बतावै तो आज ले आगी मा बार देहूं। पानी मा बोहाय देहूं। कसके नहीं बतावै पोथी। तब बताय रहे है पोथी हो ...।

हो ... पोथी बताय रहे है ...

कह थे सुनो रे पंडवा भाई कोतमा ला बैठार लेवा ओखर गोदी मा खातू डार के भूरा कुम्हड़ा के बीजा बोय देव। समुंदर के टापू मा इन्दर जोला फूल हवै ओला लै आनो। इन्दर जोला के फूल ला खपर डारो, दार चाऊंर से पूजा, रचो खपर शांत हो ही।

अगर ऊना पर भी खप्पर शांत न होय तो छिंगुरी ऊंगरी काट के खून चुहावो खपर शान्त हो जा ही। ऐसी सुनाये रहे है पोथी ...।

अबचले हवै भीम मरदाना रे भाई इन्दर जोला फूल लाने बर रे दादा बारा कोस के लंगोट ला छै: कोस के अगारू छै: कोस के पछारू तन्नाय के बांधे हवै भीमा अब घर लई समुंदर की रस्दा हो ...।

पहुंच गै है मिम्मा
समंदर किनारे मा
घाट नहीं मिले रे।
घुसे ला भाई रे
कूद पारिस ददा
समंदर मां मिम्मा
पैरन लागिस मिम्मारे भैया
लहरन मा दादा खाले ऊपर होये
आवर झांवर भइया आगू पैरत जाथे।
बारा कोस पैरिस
मिम्मा रे भईया।

हो ... जाके पहुंच गईस फूलन के अंडा मा हो ...
हो बारह कोस तैर के भिम्मा पहुंच गै है फूलन के अड्डा में, का देख रहे है भिम्मा?

बारा कोस मा इन्दर जोला फूलेच लगै है।
हो ... बारा कोस मा लोहा केबाड़ी रूंधे है।

मनिया नाग पहरा दे रहे है।
बारा कोस के दादा बाड़ी लगी सी रे
बारा कोस के दादा बाड़ी रूंधी सी रे
फूल फूलै दादा इन्दर जोला रे भाई
भीम फूल टोड़ रहे हैं हो ...।

हो ... भीम फूल टोड़ रहे है। मनिया नागपहरा दे रहे हैं। आहट पाये हैं मनिया नाग। उठे हैं फुफकार के चढ़कर आइस हाथ मा। ये दाई मार तो दीस बैरी कहथै भीमसेन हाथ ला पकर के बैठ गैं हो ...

जहर चढगै ददा नाग के काट्टे हरा
कैसे के बचै भिम्मा जहर लेन लागिस
ऐंठ गइसी भाई भिम्मा दम तोड़ दई सी भाई रे
बामनिया नागन की बेटी तिल जोगना
सांचा मा दारे कस बने रहे दादा
चन्दा सुरूज कस जोत बरै भैया
वा कन्या माला देवी की पूजा करत रहै हो ...।

बाराबरस पूजा गै रहै पूजा करत मा भाई। काल सकारे पूजा मा बरदान मांग हूं रे दादा एखर मारे राम के ही दार चाऊंर पूंजा के सामान संजोय के घर राखी है कन्या। फूल अर रात के ही टोर के राखे है ददा। सकारे चले हवै जा करै के लाने रे भाई

चलै हवै तिलजोगना पूजा रचाये ला
मढ़िया मा दादा माला देवी की मैया
आज मागहूं देवी ले मनचाही बरदान।
बाराबरस भैगेन है पूजा करत माई
धरे हवै फूल माला रात केर टोरे
धरे हवै दार चाऊंर घिव होम धर के
मन मा बिचारत दिल दिल मा धोकत

जाइके पहुंच गइस माला देवी की मढ़िया में हो। हो ... जाइथे होम लगा रहे है कन्या। हाथ जोर के विनती सुनाय रहे है कन्या। कैसे पूजा रचाय रहे है कन्या हो।

हो ... देवी प्रसन्न भैगे है। कहथै मांग मांग वो कन्या कैसे पूजा

हो ... कन्या खुशी मै गैसी। का कहथै कन्या? कहथै

मोला भीमसेन पति मिल जाये।

जा मिल ही अखर तै तो मोर ऊपर काल काल के बासी फूल चढ़ाए हस तेन मारे तोला मुरदा पति मिलही। जा जियाय लेवे।

लौटे हवै तिल जोगना पूजा रचा करके रे भाई
मनमा खुशी होत जाय रहे है रे दादा
जाय के पहुंचे हवै टापू के तीर मा भाई
नजर फैलाय के समुंदर में देख रहे है दादा।
डूंडा साही भीम पानी में उतराय रहे हैं हो ...।
पानी ऊपर भिम्मा डूंडा साही उतराये
देखे हवै कन्या कूद परिस दादा
मुरदा ला धरके तीर मा लै लानिस
चाऊंर दार पढ़ पढ़ के मंत्र में रे दादा
भिम्मा ला मारै नहीं जगै भिम्मा
हैरान हुई गै कन्या तब गईस कानी चमरिन के ढिगा
भाई रे ... कहथै वो दीदी
अपन जादूला दीदी तनक उधार दे देओ
मोर पति मुरदा परे है चुटुक जिवाय लेते दीदी ...

हो ... तब दये है कानी चमारिन चाऊंर पढ़के। तेला घर के आये है तिल जोगना। जेन सम्मत मा मारे है। पढ़के बावखत भिम्मा जम्हाई अंगड़ाई लैके उठ बैठिस। देख रही सी कन्या ला। आंखी मीज मीज के। तिल जोगना कहथै। ई हां अब का देख रहे हस। तारे लाने तो बारा बरस तपस्या करे हौं। घर मां चलके देख लेबे। मन करके। भिम्मा परक ने उठिस और कन्या के पास आइके ठाड़ मैं गइस दोनों झना मुस मुस हंसन लागिस।

अब दोना झन भैया बिहावकी करथै तैयारी
तिल जोगना कन्या कुचरा थै करदी
लाने थै मागर माटी खोदा थै भिम्मा
मंडवा रे भैया काहै थै भिम्मा
मंडवा गड़ा थै दोनों झना भैया
तेल हरदी लगाथैं गांठजोर के दादा

भांवर अर फिर थै ऐसन मिम्मा के बिहाव मइस। उहां नागै बाग की बस्ती रहै सखर मारे भिम्मा ला सब काम करने परे है।

भांवर वाम मिरगै खाना पीना भैगे
एक दिना का दादा बिहाव सब निपटगै
रात भर सोइस सकरहा उठ के भिम्मा
कहथै अब जा हूं मैं बड़े से आये रहों
कहथै काहिन काम आय? भिम्मा कह थै
मोला इन्दर जोला के फूल ले जाने हवे।
चल तोला दिवय देथौं कहथै तिल जोगना
दोनों झना भाई पहुंच मैं है दादा
मनिया नागिन देख देख कहथै
बने जोड़ी खुलथै जुग जुग जीवो रे
तिल जोगना कन्या बनाये रही सी दादा
इन्दर जोला के फूल तुड़वाय देवो दाई।

हो ... ओकना भर इंदर जोला के फूल तुड़वाये हैं। धरे हैं भिम्मा। चलन लगे है जैतानगरी।

बिदा होन लागिस भिम्मा रे दादा
तिलजोगना कन्या हिचक हिचक रोथै
धन री मोर करनी पती पायों त मुरदा
ओहू का जियायों तो एक रात संग पायों

चल दये तै पंडवा छोड़ के अकेली
अखर जो हो ही नाका नाम धरा हूं।

लरका होय तो भोजा बल्लारो अज लरकी होय तो अपन मन के नाम धराय लेगे। कहथै मीमा हो ....।

हो... बोल रहे है मिम्मा। झे सोचकर। जैता नगरी ले लऊट के चार दिनां मा आथों।

ऐसा धीरजा बंधा के चल दै है भिम्मा
समुन्दर ला भैया छन मर मा पैर गैसी
जैता नगर की रस्दा पकर लैसी
अब आइग है जैता नगरी मा हो ...

हो ... भीम दौर है। अंध कोटरी का ताला खोले है। हाथ पकर के रछ रछ रछ द्रौपदी को बाहर लाये है। देवी का खप्पर शांत करे जाये रहे हैं हो ...।

बीच आंगना को रे दादा
गोबर से लिपाय के
मोतियन का चौका पुराइन
सोने की गधरी मा
सोने के लोला ऊपर
कलसा बारिन।
चौका के ऊपर खप्पर धरिन दादा
द्रौपदी को लान के बैठार रहे हैं हो ...।

हो ... चाऊंर दार होम धूप देके खप्पर मा इन्दर जोला के फूल चढ़ाइन, भूरा कुम्हड़ा को काट के खप्पर मा चढ़ाइन। पर खप्पर शान्त नहीं होय। अब हैरान हुइके भीमसेन अपन छीनी अंगूठी ला काट के खून चढ़ाय दैस। खप्पर की आगी बुझ गये हो।

अब द्रौपदी रे दादा अपन असली रूप में आय गेंस भाई
अब कंवरन ला खाऊं पंडवन ला बचाऊं कहन लागिस द्रौपदी

सुरही गैया के सराध पूरा भैगे रे भाई हो ...
भगवान और देवता सब अपने अपने घर लौट गैन हैं भाई।

हो ... अब भीम बोल रहे हैं सहदेव से। दिखतो रे भैया पोथी बताव तो कैसे मा जीत बो कंवरन से रे। सहदेव खोल के पोथी बताये रहे हैं हो ...।

कहथैं रे सहदेव सुन लेव रे भैया
कलजुगही कल जुगहा लोग लुगाई
दुई झना दादा ढुलवां पुर मां
रहत हवैं दादा उनही बता हीं
जीत हार के भेद रे भाई बोल रहे हैं सहदेव रे दादा।

क्या बोल रहे हैं सहदेव? कहथै सुनो रे भाई हरो। ढुलवांपुर मा दुई झना रहथै। एक हवै कलजुगही दूसर हवै कलजुगहा। दोनो लुगाई लुगवां आंय। उनला लान के खोदरा खोदके वा खेत मा खुरा मा धांध देवो। उनहीं भेद बता ही जीतन को हो ...।

अब भिम्मा दे दादा ढुलवापुर के लाने
भये है तैयार रे भैया धरे हवैं गजा डांग
बुसहान ठेंगा चले हवैं भीम मरदाना हो
दुई कोस के डग धरत दौरत जाथैं भाई।
जाय के पहुंच गैसी ढुलवापुर के मेंडी मा हो ...।

हो का देख रहे हैं भिम्मा? एक आदमी छेरी चराय रहे हैं। ओखर लुगाई खटिया में बैठी मजा करा थे। मरद ओला चिलम भर भर के पिवाय हैं। पांव दबाव रहे हैं और बीच बीच मा छिरिया भी लौटाय रहे हैं।

हो ... भीमा सोच रहे है। ये हिच आप कलजुगहा देखाओं। कैसना सेंव कर रही सी मेहरिया की।

अब दिन डुबाई होन लागिस भईया
का कलजुगहा छेरिन ला लौटावन लागिस दादा
लुगाई खों खटिया समेत मुंड पर धरे हैं रे भाई
अब चले जाय रहे हैं छेरी हांकत हांकत हो ...।

हो ... भिम्मा भभ पाछू पाछू चले हैं। कहथैं देखों तो धरमा अऊ काहिन कर थे। जाइके छुप रही सी घर के पछारू।

अब कल जुगहा रे भैया
लुगाई ला उतारिस
खाट ला बिछाइस
लुगाई ला बैठाइस
तमाखू भर के दैस

अब कह थे बैठिहे मैं चुटुक छेरी बेड बांध लेंव। फिर पेजनएज के फिकर कर हूं।

बैठाय के दादा मेहरिया ला भइया
छेरी बांध बेड के आगी लेन जाथै
फिर चुल्हवा सुलगाथै पेजभाजी चधाये
पानी भर के लाथै दुहरा गधरी दादा
लुगाई बैठे खटिया मां बिटुराथै भैया
चुटुक उतरे ला हो थै कछु काम करे असहो थे
तो हटक दे थै दादा ...।

हं हां। झैं छूबे। तोर हाथ पांव लचक जाही। तोर कनि हां कसक जाही। तैं बैठ रह मैं करे जो डारीं। ऐसी सेवा कर रही सी लुगाई की कल जुगहा रे भाई।

बासी रांध डारिस हाठी मा परोसिन
ले जायके भैया लुगाई ल खवा थै
पानी अर दे थे टाठी हरा धो थै
फिर अपन हरजो, खा थै खाय पी के दादा
बिछौना बिछा थै गोदी मा उठाइके
लुगाई ल खवाथै पानी अर दे थै
दाठी हरा धो थै फेर अपने हरजो खाथै
खाय पी के दादा बिछोना बिछा थै

गोदी मा उठाइके लुगाई ला सुवा थै
तिली तेल लैके पावन ला सूंट थै
कम्मर ला मींज थै फिर अपन धीरे ले भैया
धक्का आस झै लगे ओखर ढिगा सोंथे
बिना ओखर मरजी के हाथ नहीं धरै ओ
अंहड़ लंहड़ हो थै नींद नहीं लगै हो
फुसुर फुसुर सो थै कल जुगाहिन भैया
कल जुगाहिन भैया नहीं जगाय सकै
कल जुगहा दादा ... हो ...

भिम्मा धर के पिछारी लुके सब तमासा देख रहे हैं हो ...

हइगै सकारा उठगै कलजुगहा
छेरी ला ढीलिस लुगाई ला तो दादा
मूंड ऊपर लादिस महतारी बापला दाऊ
गोड़न मा बांधिस सारी – सरहज ला भैया
पीठ ऊपर लादिस अस चले है कल जुगहा छेरी चराय ला हो ...

हो ... या देख के भिम्मा के बदन मा आगी तो लगगें। दौड़ के जमाए है जेन बखत मां दुई ठेंगा तन बखत मां लुगाई कंडा सां ही छिट किस। सास ससुर डिगला साही बगैर गैन। सारी सहज तेन कों दो के बोझा साहीं साहीं धमस गैन।

हो ... सब रन बन मैं गैना महतारी बाप ला छुड़ाय के घर मे जाइस। बोलिस भिम्मा आज ले महतारी बापला कभू दुख देबे तो जान से मार डार हों।

हों ... कपन लगे है कल जुगहा। हाथ जोड़ के कथे नहीं। अब ऐसना न कर रहूं। मोला छोड़ दे यहां राजा तक भिम्मा बोले है हो .. का बोले है भिम्मा? तुम दोनों झन झन मोर संग मा चलो, जैसना मैं कहथों वैसना कर हो तो प्रान बचा दे हूं, अखर मार डार हूं। हां तो। जैसना कहबे वैस नेच कर हूं। कहथै कलजुंगहा रे भाई।

चल देसी मिम्मा संग है कलजुगहा
और है अलजुगही चले जात है दादा
रींगत रींगत रात भैगे भइया

अब पहुंच गै है लड़ाई के खेतमा जहां जैतामल खम्बा गड़े रहे है हो ...

जैतामल खम्बा कंवरन का भैया
झंडा फहराये खम्बा के ऊपर
लड़ाई के खेतला बुहार ले है कंवरा
तम्मु तनाये के पड़े हवै भाई
खोदे हवैं खोदरा मूंड के बरोबर
भिम्मा रे दादा कलजुगही कलजुगहाले
कहत हवै भिम्मा रे भैया

तुम सुन लेवो रे कलजुगाही कलजुगहा। ऐसे बोल रहे हैं भिम्मा। तुम या खोदरा मा आज लुकके बैठी हो और रात के जो कुछ देख हो सुनहो तेला सकारे मोला सांची- सांची बता हो। नहीं तो तुम्हर हाड़ पसरा टोर डारहों जा ठेंगा में।

हो दादा जोन कछु सुनवों देख बो सांची सांची बताबो (बोल रहे है कलजुगहा हो ...)

अब भिम्मा मरदाना रे दादा
दोनों में हरी मन सिरू अन खो रे दादा
खोदरा मा घुसेर के ऊपर ले छवला ढांप दैसी भइया
माटी पूर के ऊपर मा दिया बा देय है भाई
अब चल दे है मिम्मा जैतापुर खो हो ...
खोदरा भीतर भैया कलजुगही कलजुगहा
बैठे हवै दादा आंखी फार फार देख थे।
कौनो झै आये होंय कान लगाये सुन थै
कोन्हो झै कहते होय आधी रात भैगे
हेजड़ी अऊ हेजड़ निकरे हैं रे दादा
शिकार के लाने खेत भीतर ले भईया
जात रहे दोनों ...।
ओही बखत मा हेजड़ा कह थै पंडवन ला खाहूं
हेजड़ी कह थे नहीं कंवरन ला खाऊं।

तब हेजड़ा कहथे तै कै सना कहथस ओ। हेजड़ाइन कहथै पंडवा तो पांच दिन झिन हवै अऊ कंवरा है इक्कीस मरही तो इक्कीस दिन पेट चल ही। तेन कारन कंवरन के मरना मनावा हो ...। हेजड़ा के समझ मा बात आय गैस। कहथै बताव तो रानी कैसे मा कंवरा मरही। नै कोन्हो बलवान होतिस ते एक हाथ से खम्बा उखार के ऊपर का तरी और तरी का ऊपर करके गड़ाय देतिस। कंवरा हार जातिन अऊ पंडवा जीत जातेन। ऐसन बात करत भगे हवै हेजड़ अऊ हेजड़ी ... कलजुगहा कलजुगहिन सुन रहे है बात रे भैया।

भये है सकारा भीम मरदाना
आप तो पहुंचिस खुदा दिगा भइया
माटी ला कोड़ के झाली ल फेंक के
पकर के हाथ ला निकारे है ऊपर
कलजुगही कलजुगहा हा बताय रहे है रात का किस्सा हो ...
कहथे कलजुगहा तै सुनलेबे भिम्मा
दोई झना हेजड़ा अऊ हेजड़ाईन
डूहा ले निकरिन दादा
दोनों झना आपसमा गुढ़ियावत जायं भिम्मा
का गुढ़ियावे पूछे थे भिम्मा नैहाय धिरजा मिम्मा खो।
ऐसना गुठियावै रे भाई
जेन कोई जोंघा
जैतामल खम्बा ला भाई
उल्टा करके गाड़ देही।
पंडवान के जीत हुई जाही हो ...।

हो ... सुनके भिम्मा खुशी तो भइगे। एक हाथ से खंबा ला फरक ने उखारके ओही हाथ ले उल्टा करके गड़ाय दैस। पेढ़ी ला ऊपर पुनई ला तरी कर देसी। झंडा बांध वैस। अब दुई लात कलजुगही कलजुगहा का लगाये के कहथे। देखो आज अपन बाप महतारी का तकलीफ देहो तो हाड़ा पसरा तोड़ दे हौं। जाव भागो।

हो ... मीज चुटईया जब भगे है कलजुगही कलजुगहा तेन बखत मा पीछे लौट के न ही देखे आय। रैन भैगेन भिम्मा लौट के आइगै जैतापुर हो ...।

हो ... अब भये है लड़ाई के तैयारी। लिखे गै है परवाना देश देश के राजन खो। देवी देवतन खो।

का लिखे है सहदेव?

लिखे है तुम सुन लेव रे देस राज के देवता राजा महाराजा। कंवरा बड़ी अनरीत कर रहे हैं। हमार जघा जमीन अपन कब्जा मा कर लये हैं। मांगन मां लड़ाई करने की तैयार भैगे है। तेखर फैसला लड़ाई ख मा होही। धर्म के पक्ष लेने वारे देखत परवाना के चले आओ।

परवाना लिखे के राजा सहदेव अपन हाथ से मोहर लगाय देने है।
गये है परवाना रे भैया अजुधा जी में भगवान करा
डूंडा महल मा लक्षमन ढिगा झिंझरी महल मा सीतामाई ढिगा
बदन महल मा रामढिगा करेली बन मा महादेव करा
कारी पर्वत मा हनुमान, द्वारकापुरी मा नारदमुनी बालभद्र राजा,
कलसा पुर के गोरखनाथ, पंपापुर के अंगद बाली
देश बुंदेला के मंजुरामल, बिजली नगर के बिजलारामल
सबला देस देस के राजा अपन अपन फौज फाटा लै ले के पहुंच रहे है जैतापुर।

रामाकोना अमरैया मा डेरा पड़गै है राजन के। तम्मू तन गैहे। हाथी घोड़ा, फौज फाटा का मिलान पड़गै है। बारा बारा कोस तक फौजे फोज दिखाय रही सी।

हो... पंडवा तैयार भै रहे है। बाथान के लंगोट बांधे है, भीमा। गजाडं जंग कांधा मा बुसटेन ठेंगा हाथ मा धरे है। अय भये है तैयारी पंडवा लड़न के लाने हो ...।

सज गेन्हे भैया पलटन रे दादा
हाथी और घोड़ा पैदल सिपाही फौज और फाटा तोप और बंदुकिया
भाला और बरछी हंसिया और टंगिया
धर धर के दादा तैयार भैगेन भाई
कस गेन्हे घोड़ा लद गेन्हे हाथी
अड़ गैसी पल्टन नैहा ठिकाना।

जाइ के लड़ाई के मैदान अड़ गई सी हो ...।

हो ... पंडवन के फौज खेत मा पहुंचगे। कंवरा अर अपन दल ला होशियार करिन। खेत आमू साम्हू ढाढ़ मैं गेन।

हो ... राज जुरजोधन ललकार के कह रहे है। का कह रहे हैं जुरजोधन। तुम सुनलेव रे पंडवा। द्रौपदी ला बीच मा ठाढ़े कर देव। जो जीतै द्रौपदी ला ले जाये। द्रौपदी ला खेत के बीच ठाढे कर देय हो।

हो ... लड़ाई शुरू भैगे है। दुन्नौ दाल दलन से तीर छूटन लगे है। भाला बरछी चलन लगे हैं। हो ... द्रौपदी देवी बराबर रूप धर के ठाढे है। दोई दल के बीच में कहथे कंवरन ला खाऊ। पंडवन ला बचाऊं। कंवरन ला खाऊं। पंडवन ला बचाऊं कैसी लड़नी पडगै।

कैसी लड़नी परगे कंवरा और पंडवा
मौसी बडेन के भाई भाई दादा
तिरिया के लाने भरे कटे जाथै
धन तिरिया तोर मोहनी रे हो ...
एखरे मारे तो कहेगे है भैया
धन चंदा तोरी खांदनी
धन सूरज तोर जोत
धन तिरिया तोर मोहनी
मोहे तीनों लोक
तेन सांचे आयरे भाई ...।

हो ... सर सरर तीर छूट रहे हैं। खपा-खप, खपा-खपा तलवार चल रहे है। भुटकन के मुरदा के धम गरदा भै रहे है। मारकूट, उठापटक, झींका झपटी भै रहे है। रक्तन के नदी बवंह रहे है। लोथ पर लोथ उतराय रहे हा।

हो ... चिरैया, लुखरिया चीथ चीथ के खाय रहे हैं, मांस को। कौआ गिधवा चोंथ चोंथ खाय रहे है का गत भै रही है शरीर के रे भाई।

धन तिरिया तोर मोहनी
कैसे मार काट मचाय दये
भाई-भाई के मूंड फुटाय दये हो ...

हो ... लड़त लड़त आठ दिन नौ रात भेगेन। कोनो हार नई मानै।

विकट लड़ाई मचे हवै भाई
कोई नहीं माने हार मोरे दादा
धुंआ धार भैगे झै कहबे दादा
ऐसी लड़ाई भै रही सी हो ...
अबइहां ही बातें इंहा छोड़ियो भाई
दूसर जाघा की बात सुनायो जी
तिजोगन कन्या मिम्मा की डैकी
मनिया नागिन की कन्या आशापति भैगेस रे भाई।

हो ... तिल जोगना कन्या के साथ मिम्मा एक रात रहे-रहे कन्या आशापति भैगे।

हो ... तिलजोगना के लड़का पैदा लैस। तेखर नाम धराय गै भोजा बल्लारे।

हो ... पैदा लेते ही लरका बोलिस। दाई मोला दूध तो पिया दे मैं जाहू अपन कका, ददा, ढिगा। महाधान की लड़ाई भै रही सी। तिल जोगना कथै। झै जारे बेटा। ऊहां बड़े बड़े शूरमा लड़त हवै। तै आज के पैदा लये का करबे हुआं।

आखर नहीं माने दादा
भोजा बल्लारे हठी परगै भैया
मैं तो जाहुंच री दाई
लड़ाई देखे ला दाई
तै मोला दूध पिया दे ओ।

हो ... नही मान रहे है भोजा बल्लारे। समझाय रहे है तिल जोगना। जब नहीं माने तो कहथै नहीं मानस तो जा। दीवार के वा पटी जाय के ठाढ़ हो जा। मैं इहां से सेंट मारहूं। तो ते ऊंहा ले पी लेवे। ऐसना कसके बनही कहथै भोजा बल्लारे। तै इंहिच ले सेंट मार मैं मुंह बाथों। नही रे दाऊ। तोर मुंहला फोर के धार निकर जाही। ते नहीं रोक सकत। जा जैसना मैं कहथो वैसना कर।

अब मोजा बल्लारे रे भैया
दीवार के दूसर पटी दादा

ठाढ़ भैगे भाई

या पटी ले तिलजोगना

जेन बखत दादा आंचर ला मसके है।

हो ... तीर साही दूध के धार निकरे है। दीवार मा सेंट लगे है। दीवार मा छेद भैगे। जाइके सेंट दीवार फोर के निकर गैहे मोजा बल्लारे ढ़ाई घूंट दूध पीके चलदे है हो ...।

जब चले हवै बल्लारे

जोधा रे भाई

डगमग डगमग

धरती डोलन लागी दादा

हाथी घोड़ा फौज फटाका

औंधे सूधे होन लागिन दादा

कंवरा पंडवा कह थै

या काहिन भूडोल या भाई

भगवान के आसन

डोल गै है भैया।

भगवान सोच कर रहे हैं अपन मन मा हो ...

हो ... भगवान सोच रहे हैं। का सोच रहे हैं भगवान?

भीम का लड़का भोजा बल्लारे आय रही सी। बड़ा भारी जोधा हवै। अगर आजा ही तो धड़ी मर मा सब ला मींज मांज के मार डार ही। संसार ला बिलटाय देही। खर मारे कछु छल करेला, अब बाम्हन का भेस धरे हे भगवान।

रस्ता मा जाइके छेके हैं भगवान

कहथै रे हीरा मैं आ हूं बाम्हन

कुछ दान दे ते तब आगू जाते

तब तोर मनसा पूरन हो ही हो ...

तब बाले हवै भोजा बल्लारे दे दादा

मोर दिगा ई हां तो कुछ नहीं आय रे बाम्हन देवता
मोर दादा काका हर जैतापुर मा रह थै रे भाई
चल मोर संग मा मैं ऊंहा तोला दान दे हूं रे ...

बाम्हन नहीं टरै। कह थै?

तैं तो रे बेटा पंडवन के हीरा
भीम के मरदाना के पुत्र कहा थस
और तिलजोगन माता हवैं बेटा
तोर कहां हीरा नहिं तो आय कमी हों
अखर दैके जाने पर ही तोला दान रे।

नहीं माने बाम्हन। तब कहिथै भोजा बल्लारे। अच्छा मांगले जोन मोर ढ़िगा है। मैं दे हूं तोला मांग का मांगथस

अब तीन तिखाचा हराये है बाम्हना
कहथै रे हीरा और नहीं मांगो
अपन मूंड ला दादा मोला काटके दे दे
मोर दान मोला मिल जा ही हो।

हो ... कह थै धोखा तो करे रे बम्हना। दादा काका के देखन के ललक रहे। तेला पूरा नहीं होन दिये। अखर देख मोर मूढ ला लै जाइकै जहां लड़ाई हो थै ऊहां टांग देबे। तो मैं अपन काका, बाबा ला तो देख ले हूं।

इतना कहके अपने गरदन झुकाये दैसी भोजा बल्लारे हो? हो ... जेन बखत मा मारे है तरवार भगवान, मूढ छिटक के दूर गिरगै। लुढ़कन लागिस मूंड बेलन साही।

हो .... का कहबे वा मूड तरी रूख राई, पट पर चटान पहार डोंगरी हो गई, चरपर होन लगनि।

भगवान दौर हैं मूंड़ला पकरन को। कह थै बड़ी गलती मैगे या मूढ़ तोन दुनिया ला चौपट कर दे ही। बड़ी मुश्किल भैया दौर दौर के माई।

मूंड ला रे दादा भगवान पकर पारिन हो ...

हो ... मूंड ला पाकर के झोला मा धरके लैन हैं भगवान अब ऊंहां चल दैन है। लड़ाई के मैदान मां।

जाइके रे भैया
वा मूड़ ला दादा
टिकटी बनाय के
दुई दलन के बीच मा
टांग दैन भगवान।

कैसे देख रहे हैं भोजा बल्लारे के मूड़ हो ...

हो ... बा मूड़ ला लै जाइके, दुन्नों दल के बीच मा तीन लकड़ियन की टिकटी बनाय के टांग दैन है।

भाजा बल्लारे देख रहे हैं। नहीं चीन्ह पावै कौन दादा आय जो कौन काका आय। लड़त लड़त जौन दल टिकटी के ढिगा आथै। मूड़ एक फुंक मार दे। आंधी सा ही फूं निकर थै और फौज फाटा, हाथी, घोड़ा, सब बारा कोस लौ उड़ जाथै,

नहीं है परमाना
बल का रे माई
ढाई घूंट दूध
पिये रहे दादा
धनरेवा दूध हो
कतना जोर रहै
धन रे वा लरका
रजा बल्लारे
तोर मूंड मा इतना बल है तो जियत मा कतनान होतिस।
जौन दल भैया ढिगा ओखर आवै
ओही कोधी दादा एक फूंक मारे
पत्ता सां ही भैया हाथी घोड़ा उड़ जाय
बारा कोस ऊपर जाय के गिरै।

दोनों दल के परान आंखी में आई गयेन हो। लणाई भिड़ाई नहीं हुई पावे।

हो ... भोजा बल्लारे फूंक से उड़ाय रहे है कंवरा पंडवन के दलको। हो ... दोनों दल पास मा नहीं हिरक पावें। कह थै कैसे ढिगा नहीं हिरकन देय।

अब देखे हवै भगवान
या मूड तो भैया
लडै नहीं देय रे
दौरे हवै भगवान
मूंड ला उठाय के
झोला मा धर लैसी

अब दोनों दल युद्ध म-सानी होन लागिन रे भाई।

हो ... आठ दिन नौ रात अऊ लड़ाई चालिस। फौज फाटा लाव, लस्कर, हाथी, घोड़ा, सब जूझ गैना सब सिपाही सुरमा लड़कट मरिन। सब राजा मारे गैन। इक्कीस भाई कंवरा मारे गैन। बच गैन पांच पंडवा द्रौपदी अऊ माता कोतमा।

हो ... अब भगवान नगर फेरे हैं, लश्कर के ऊपर सब मरे हराजी उठिन। सब राजा जी उठिन। कंवरा धलोजी उठिन। हो ... कंवरा उठके मींच चुटैया असके भागिन के लौट के नहीं देखिन। द्रौपदी पंडवन गि आयगै।

या महाधान की लड़ाई
ऐसे भईस दादा
कंवरन रे भाई
नाश मै भैया
तिरिया के पछारू
मिट गैन रे भाई
तिरिया के मोह नीला
झैं तो अंगिया हो
नहीं हुई जाही कंवरन सांही नाशा हो ...

हो ... अब भगवान निकारे है झोला से मूंड ला। गढा खोद के वो ही जधा मा गडाय दिये हैं मूड ला। कह थै या मूंछ सब देवतन के माथे पर चढ़ाये जा ही।

हो ... ओ ही फिर नरियर के बिरछा मैगे। ओ मे नरियर फरन लागिन। जेन देवतन क मूंड ऊपर चढ़ाये जाथै। ये ही नरीयर भोजा बल्लारे के मूंड आंय। ओमा आंखी नाक सब बने हवै।

पुर भैगे भइया
महाधान रे दादा
जैसे पंडवन के बनिस
वैसनई सबके बन रे दादा
जै सीताराम जी की हो ...

(स्वर्गीय श्री शेखगुलाब के सौजन्य से)

अध्याय-2

पंडवानी साहित्य-2 : देवार पंडवानी

मन-मन गुने माता दुरपती, दिल में तो करें विचार रे भाई।
जब मुख बोले माता दुरपती, सुनलेबे जोड़ी पंडवा हमार।
बारा बरस तेरी पुत्री भये, सरग रोहनी ले मोला जीत के लाने हो।
किया दाई मरे किया ददा मरे, सरग रोहनी ला कबहुं नई देखे हो।
सावन भादो के महिना आबे रे भाई, तिजा-पोरा में मोला जान देबे।
ओतका ला सुने राजा अरजुन हा, एती के पिरथी एती लहुटी जाही।
फेर कम्भू नई जावों सरग रोहनी बाई,
बैरी के जगा सरग रोहनी हाबे जी।
पांचो पति ला असने पूछ डारिस ओहा,
कोन्हो हा कुछ जवाब नई देइस।
सत पहागे दिन भरगे भैइया।
जब तो बोल थे माता कोन्ति मां हा।
सुन ले रे बेटा अरजुन ते हमारे,
काहे के झगड़ा रात कुन होवे,
गाल तुंहर बाजत रिहिस बाबू।
ओतका ला सुने रानी ओ सुहदरा, दीदी तीजा के कारन रटन धरे।
जब तो वो बोले माता कोन्ति मां हा,
तिजा के बात ला झनि ले दुरपति।
बैरी के जगा सरग रोहनी हे बेटी,
ओतका ला सुने जब माता सुहदरा।

तोरे रतिस दाई एको झन बेटी,
पांच झन बेटा तोरे जब हाबे।
पांच बहू घर के घर ले ले लानेख
बेटी पठोते दूसरा घर में दाई।
दुःख सुख के तोला पता होई जातिस,
ओतका ला सुने माता कोन्ति मां हा।
ठौका तो के हे बेटी हो सुहदरा,
अरे - अरे बेटा अरजुन ते हमारे।
जा - जा बेटा सरगा रोहनी ले जावे,
तिजा पोरा मना के लेई आबे।
ओतका ला सुने अरजुनराजा,
जल्दी तो भइगे रे भइाई।
सोला सिली के रथ करे तैयार,
चल-चल दुरपती सरग रोहनी में
छः महिना के खर्चा धरे भाई,
सब गहना ला पहिन लीस भाई।
अरजुन अउ दुरपती बैइठे रथे में,
हाथ हथियारे ला नईधरिन भाई।
ऊहां रथ ला छोड़न जब लागे,
तीन जब दिन के वह रेंगना में फेर।
हंसुला ला लेईस निहराई।
जब तो बोलथे माता दुरपती,
कोन ये राज आये हाबन हमन।
गांव गोडंहा में तोला का करे बर हावे,
जब बोलथे माता दुरपती।
हमर मइके कमक दूर हाबे कइथों,
संगी जऊंरिहा मोला पूछ ही तब।
में हा बताहूं ओ मन ला सब गांव,

ऐसे जब बोले माता दुरपती।
ओतका ला सुने अरजुन हा रे भाई।
हमर भैइया जिरजोधन के राज,
गढ़ हंसुला ये हा आये वो बाई।
ओतका ला सुने माता दुरपती,
तुंहर पीछू में ससुरार यहु आवे।
तरिया में भोजन पानी खाओ पीबो,
तब चलिबो हमन रस्ता ला आघू।
ये तरिया के हम पानी नई पीयन,
तबले दुरपती जिद्द करीच देइस।
रथ खड़े हे उही भाठा मं भाई।
सीरि हंसुला ले सहस दल कौरू
पहुंचत हे तरिया कोती भाई।
जाके रथ वो मन देखन लागे,
राजा जिरजोधन ला जाके बतावे।
अरजुन के रथ तरिया मेंर हावे,
अब तो राजा जिरजोधन बोले।
जल्दी पकड़ के ले लानों रे भाई,
हुकुम पावे सहस दल कौरू।
जल्दी से रथ ला पकड़ धर लेगे,
घोड़ा बांधे घुड़साल में भाई।
जब तो बोलथे मामा सुगनी हा,
सुनि लेबे भांचा जिरजोधन रे भाई।
अब अरजुन ला तुम नेवता खिलाबे,
ओड़िया बला के सुरंग कोड़ावो।
लोहरा बला के सांग, सिंघरा बनाओ।
ऊहीं सुरंग में देबो लगाई, होही करा ओला पासा खेलाओ।
जल्दी जिरजोधन करे तैयारी,

सुनि लेले भैइया अरजुन गा हमारे।
अरजुन अरजुन चलो पासा खेले ला जावो।
अरजुन जिरजोधन पासा खेले ला बइठे,
वो ही सुरंग में अरजुन ला गिरा दिन,
एक दिन बितगे, दूई दिन बितगे।
मन-मन गूने माता दुरपती,
मोरे पत्ती के पता नई मिले।
आधी राते के महल में दरपती,
सत बखाने कृष्ण मुरारी के भाई, भाई।
सत होही पांचों पण्डवा के भाई,
सत हो ही माता कोन्ति मां के भाई।
सोते लोगन बस्ती के झन जागें,
फेर माता दुरपती निकले गली में।
अब छेंव पारा में डोकरा अउ डोकरी,
इहीच ला गोठियावत रहीस।
सुन ले वो डोकरी कहिना हमारा,
घर मा देहीं पण्डवा आये रिहिसे।
जोने ला कौरू सुरंग में ढकेल दिस,
ओत का ला सुने माता दुरपती।
काये बाबा गा तुमन गोठियाथो,
धरम देही पण्डवा ला तो बाई।
सुरंग कौरू मनहा ढकेलिस,
मोर नांव तेहा झनि लेबे बाई।
ओत का ला सुने माता दुरपती,
ऊंहा ले घर में आवे दुरपती।
लोटा ला धर के रात किन निकले,
चंदवा डोंगर में जावन लागे भाई।
घोलंडी-घोलेंड के दुरपती जब रोये,

डोले आसन रूखमनी के भाई।
सुन ले राजा मोर कृष्ण मुरारी,
किया जोगी के जोग पूरा भये है।
किया तपसी के तप पूरा भइगे,
फेर तो आसन हर डोलत हाबे।
कोई जोगी के जोग पूरा नई भये है,
कोई तपसी के तप पूरा नई भये है।
रेवत हाबे बहिनी दुरपती,
राजा अरजुन ला सुरंग मं ढकेले।
उही कारन ओहा रोवत हाबे,
जा-जा पति सिरी कृष्ण मुरारी।
बहिनी तुम्हारे हो जाही बे उधारे।
ओतका सुने अब भगवान,
सीरि जईता बर चलन लागे।
बैइठे हे दाई कोन्ति मा महतारी,
जेकर पइंया ला टेकन लागे।
कहां हे दाई अरजुन हो हमारे,
अरजुन के बाते ला का कहीं में हा।
सहदेव नकुल धर्मजुधिष्ठिर,
भीमा सब समधी कहां हाबे भाई।
चित्रशाला गुड़ी में पासा खेलथे,
जहां पर पहुंचे मोर कृष्ण मुरारी।
सावधान समधी चारों पण्डवा जी,
सावधान समधी कृष्ण मुरारी।
कहां ले आयो कहां जावत हाबो,
बइठक करो दरबार हमारी।
अरजुन कहां है कहिके पूछथे भाई।
भैइया गेहे सरग रोहनी रे भाई,

अरजुन सुरंग में धंस गे हाबे भाई।
फेर चारों भैया पंडवा, हंसुला पहुंचगे,
फेर अरजुन के जब पता लगाये।
पताल लोक में अरजुन हर रहाय,
कारी नागन के पास सब झन गये।
हमार अरजुन ला ते दे देवों नागिन,
तोरे अरजुन ला में देइ देहों।
फेर कहना हमरो मान लेहू,
फेर बबरू ला तुम लानो बलाई।
सात समुंदर सोला धार के ओपार।
सुरही जो गेइया ऊहां हाबे भाई,
जेकर गोबर कांचा दूध मंगावों।
अब तो बबरू ... ला लानिन बलाई,
जाजा जी बबरू सात समुंदर।
गोबर अऊ गोरस ते ले आनिबे भाई।
ओतका ला सुने राजा बबरू हा,
जल्दी तो भइगे तैयारी रे भाई।
सात समुंदर सोलाधार ला नहाके,
सब ला तो धर के ले लानिस रे भाई।
अब तो नागिन हा अरजुन ला दे देइस,
अरजुन ला ले के हंसुला में चलि आइस।
फेर रथ करै तैयारी हंसुला में,
जा-जा भैइया अरजुन सरग रोहनी जी।
फेर जब रथ रेंगन जब लागे,
आठ जब दिन फेर वा रेंगा में।
गढ़ तुरकी ला जब लेवे निहराई,
तुरका राजा के ओ राज हा आवे।
जब तो बोलथे माता दुरपती,

ये गांव कोंन आवे पति जी।
गांव के पूछे के तोला का काम दुरपती,
संगी जहुंरिया ला काला बता हूं।
ये हर राज गांड़ा तुरकी राज ये,
यहि मेंरन कलेवना करि लेबो।
ये रथे में जोड़ी बइठे तुम रहो,
रथ खड़े हे अब तरिया तीर में।
माने तिहरा ला गढ़ तुरकी में,
पहूंचे दुरपती फेर वा तिरिया में।
करे मुखारी पथरा में बइठ के,
छै आगर छै कोरी चेलिक पहूंचे।
ओमन देख थे दुरपत माता ला,
सबो कोई राजा करा पहुंचे।
सुनी लेबे राजा जी कहना हमारे,
अच्छा जी सुन्दरी तरिया में आये है।
ओतका ला सुने राजा तुरका हा,
बाजे नंगारा अब वो सहरो में।
मरदी के नामा एको जब रहि हो,
जीव ओकर में नई बचाइहों।
मार-मार, धर-धर वाजा बाजथे,
सात पुरूत के दल घेरे रथ ला।
सती बखान थे वा अरजुन हा,
सत होही भैया पांचों पण्डवा के,
सत होही भैया कृश्ण के भाई।
पांचे भांवर के गोररा जब पारे,
मार-मार, घर-घर बाजा बाजये।
बाजा के आवाज ला भीमा सुने जी,
फेर जइता पहुंचन लागे।

अगा-अगा भैया मोर धर्मजुधिष्ठिर,
तीनों भैया तो छहन लागे।
अरजुन के संग में होथे लड़ाई,
मार-मार घर-घर बाजा बाजये।
अब लड़ाई में वे हमन चलो जावो,
सबो जो भाई रेंगन जब लागे।
रेंगना में तब तो पहुंच गे हे भाई,
मोरे लड़ाई के तीर रे भाई।
देखये भीमा जब खूटे में होगे पण्डुवा मन।
घररर-घररर बाण छूटथे,
एक दिन में लड़ाई कर दिस सफाई।
फेर रथ में बइठेहे अरजुन दुरपती,
रेंगत चले भीम्मा रतवासी।
चारिच दिन के अब वह रेंगना में,
सरग रोहनी ला ले निहराई।
बहिनी के केहेंव पनिहारिन बहिनी,
हमर पिता ला ते देबें बताई।
हम ला ले जाही अब परिघा के,
राजा के केहेंव जी राजा हमारे।
वो तरिया में माता दुरपती आये भाई,
अब तो दुरपती ला लाने परघाई।
बाजा के आनन्द बधाई रे भाई।
घर घर आनंद मनाई रे भाई।
दुरपती ला देख सब झन सुख पाईस,
राजा घलो हर मन ला जुड़ाईस।

(छत्तीसगढ़ी लोक साहित्य का सांस्कृतिक अध्ययन, डॉ. दयाशंकर शुक्ल)

अध्याय-3

पंडवानी साहित्य-3 : सबल सिंह चौहान महाभारत

कीचक वध

दोहा -   कीचक बली विशालतन, नृप तरूणीकै बन्धु।
सहसद्विरदसमनाहिबल, यौवन मदआस अन्धु ।। 1।।

शत बान्धव कीचक के बली बल अबगाहन नृप अस्थली।
सोहत इक इक मातु के जाये ऐसे सुभट महीपति भाये।।
एक दिवस कीचक हरषाई निज भगनी के मंदिर जाई।
रानी ढिंग कीचक चलि जाई कीन्ह प्रणाम चरण शिरनाई।।
बन्धु विलोक हृदय हरषानी दीन्ह अशीश मुदित मन रानी।
भोजन करत कनक की थारी द्रुपदसुता तहं करत बयारी।।
देखि चेरि कहं कीचक बीरा काम विवश थरहरेउ शरीरा।
इत भगिनी सन बचन बाखाना दासी बस ह्वै रहयो पराना।।
तहं कीचक तन दशा बिसारी सेलन्धरि दिशि रहोनिहारी।
भयो कामवश बुद्धि भुलानी छांड़िहि लोक लाज कुल कानी।।
सेलन्ध्री अपने मन जाना काम विवश यह खल बीराना।
ताहिं सुनाय कहो सुन रानी अकथ कथा कछु कहौं बखानी।।
गन्धर्व पंच महा बल भारे ते मम संग निशि दिन रखवारे।
अन्तरिक्ष देखै नहिं कोई तुम प्रथम सुनायी सोई।।
मोहिं कुदृष्टि बिलौकै जोई सो नर कठिन काल वश होई।

दोहा - अवशि हनैं गंधर्व तेहि, मोहि बिलौकै जोई।
बली होइ की निर्बली, जीवत बच न सोइ।। 2।।

यदपि सेलन्ध्री विभव बखाना कीचक मनहुं सुन्यो नहिं काना।
काम अंध नहिं सूझत तेहि विष अस छहरि गयो सब देही।।
भयो बिकल सब दशा बिसारी द्वौ कर जोरि विनय अनुसारी।
भगिनि सन बोला बिसवासी मांगे देहु मोहि निज दासी।।
मोकहं मिलै मोहि यह इच्छा मागौ लाज छांड़ि यह भिक्षा।
मोकहं दया करिकै यह दीजै याकी वदि सहस्त्र तुम लीजै।।
लाज छांड़िकै करौ ढिठाई करो वचन फुर हृदय जुड़ाई।
होई मोरि तौ जाउ लेबाई देऊं बन्धु किमि वस्तु पराई।।

दोहा - द्रुपसुता की अनुचरी, देतमोहि अति क्षोभ।
यह मोरे जनु पतरी, करौ बन्धु जनि लोभ।। 3।।

जा दिन प्रथम भवन मम आई कै राखेउं मैं भाई।
कह मुनि सुनु कुरु भुवारा सुनइ न काम बिबश मतवारा।।
रानि वचन कहे बिधि नाना कीचक सुन्यो न एकौ काना।
बोली बहुरि बचन यह रानी, सुनहु बन्धु इक कथा पुरानी।।
द्रुपदसुता पति संग बन गयऊ, इसहि पठाइ भवन मम दयऊ।
रहै जीविका हित गृह माही, दासी गोरि बन्धु यह नाही।।
जाइय भवन दई नहि जाई, देउं कौन बिधि बस्तु पराई।
यह सुनि नयन अरूण हवै आये, क्रोधवन्त हवै बचन सुनाये।।

दोहा - कहु कैसे तू राखिये, दासी बल करि लेहू।
राज्य पाट सब छीनकै, कोटि दुख देहूं।। 4।।

चेरी लागि नशावहु राजू, तोरे कहा सुधिरि है काजू।
अति बलवन्त बन्धु शत मोरे, राशि लेइ ऐसो को तोरे।।
सुन्यो कठोर बन्धु की बानी, बोली परम क्रोध हवैं रानी।
पर तरूणी रत ते जग भयऊ, ते निज करणी सों मिट गयऊ।।

जो चाहौ आपनि कुशलता, फेरि कहौं जनि याकी बाता।
रावण कथा सुन्यो तुम भाई, रामचन्द्र की नारि घोराई।।
सिया हरत नहि लागि बिलम्वा, नश्यो दशानन सहित कुटुम्बा।
गौतम तिय लखि शक्रलुभाने, भयो सहस भय जग सब जाने।।
बांधेउ असुर पाप वश सोई, भयो खंड जानत सब कोई।
रहै सकाम गिरजा तन हेरा, एक नयन बिन भये कुबेरा।।
शुम्भ निशम्भु असुर अभिमानी, मोहा परम शक्ति जिय जानी।
कथा प्रसिद्ध सकल जग जानौ, अपने आप मिटा अभिमानी।।
बंधु बधू रत रघुपति जानी, मारेउ कालि हिये शर तानी।
पर त्रिय रतहित शठ मन दीन्हा पैहै फल खल आपन कीन्हा।।

दोहा - भगिनीसुख के बचनसुनि, कियापयान निजधाम।
बिकल महाजिय कल नहीं, घड़ी महूरत याम।। 5।।

कीचक को सुधि बुधि नहि रहेउ, सूने महल सेलन्धरि लहेऊ।
काम अन्ध अंचल तेहि गहेऊ, आतुर व्है यहि विधि तब कहेऊ।।
चित्त हमार तुव रूपहि पागो, भयो असक्त सुधीरज भागो।
मेरे तरूणी शशि अनुहारी, सब पर होय सोहागिल नारी।।
उत्तम भूषण बसन बनावों, अरू दासी को नाम मिटावो।
बचन तुम्हार मेटि नहि जाई, रहौ नारि मम हृदय समाई।।
सुनत बचन मन शंका आई, कहेउ सेलन्ध्री बचन बनाई।
तुमहि देख मोहयो मन मोरा, कीन्ह प्रीति नाश है तोरा।।
गन्धर्व पंच मोहि रखवारी, दीरघ तन मन बिक्रमभारी।
मोहि छुवत वे तुरतै आवै, सुनु कीचक तुव प्राण नशावैं।।
तब मारे कम अपयश होई, मो कहं दोष देई सब कोई।
या महं उभय प्रकार बिरागा, मरण तोर मम देस निकारा।।
तुव भगनी सुनि देह निकारी, यहां जीविका उठी हमारी।
यह सुनि कीचक अति भयमानी, गई पराइ पाण्डु की रानी।।
निशिदिन ता कहं नींद न आवै, धन सम्पति घर बार न भावै।

बोलि दूतिका यहि बिधि कहेंऊ, वह मन चित्त बसि रहेऊ।।

दोहा - मनसा बाचा कर्मणा, तुम अब करहु उपाउ।
मृगनयनी निशिकरबदनि, मापर भुरै लै आउ ।। 6 ।।

भुरै लै आउ सेलन्ध्र आवे, निज इच्छा मांगो तुम पावे।
गई दूतिका बिबिध प्रकारा, लागी करन युक्ति उपचारा।।
बहुत भांति दूती समुझायो, चित्त सेलन्ध्री एक न आयो।
यहां बिचार न बोलै सोई, आजु काल्हि कछु काज न होई।।
रही मास द्वै अवधि हमारी, नहिं जानै कुरूपति अपकारी।
कीचक आतुर हवै उठि धायो, जहां सेलन्ध्री तहं चलि आयो।।

दोहा - सूने घरमों पाइकै, गहे केश कर धाय।
अब कहु राखै तोहिं को, कौन छुड़ावे धाय ।। 7 ।।

गन्धर्व महं गन्धर्व पति होई, सकै छुड़ाय तोहिं नहिं सोई।
गन्धर्व के बल तू अभिमानी, बोल छुड़ाय देई अब आनी।।
यदपि बली रक्षक तू होई, मोरे तुल्य होइ नहिं सोई।
ब्याकुल भई नीच बश रानी, गई लाज अब हृदय डेरानी।।
हरे कृष्ण नाम यह भाखी दुश्शासन तेतुम पति राखी।
सेलन्ध्री बिनब मृदुबाणी, बिबिध प्रकार जोरि युग पाणी।।
यदपि बिनत कृत बिबिध प्रकारा, सुनै न काम बिबश मतबारा।
बोला कामवश्य रिसि बाई, तजौं तोहिं करि निज मन भाई।।

दोहा - दासी कर्म कराइकै, लास देखावहुं तोहि।
अपनो मन भाई करौं, यही बानि अब मोहि।। 8 ।।
कैसेहु खल नहिं हठ तजै, अंचल डारो फारि।
करते केश न तजै सो, अति अकुलानी नारि।। 9 ।।

सेलन्ध्री तब बुद्धि बिचारी, बिधि भांति कीन्हींमनुहारी।
रमते प्रीति बढ़ति है जोई, तस नहिं कछु अनरस ते होई।।

दासु मान युत आदर धरई, परतिय सो अपने बस करई।
यथा बीजते द्रुम उठि जाई, तिमि रस की प्रीति सरसाई।।
निशि दिन लिये रहै मन हाथा, बढ़े हेत तब परतिय साथा।
मिष्ट सुधा सम बचन सुनावे, इष्ट समान हिये बिच लावै।।
कहत बचन फुरबै सब सोई, पर पत्नी ताके बश होई।
यह कीचकहु सुन्यो न चीन्हा, परतिह बरबस केहि बश चीन्हा।।

दोहा - जानत रस की प्रीति तहिं, तै खल एकौ बात।
पर तरूणी को मन दयो, तब सब सुख सरसात।। 10।।
रहसिरहसि अब मन मिलै, तैलहि हँसि परनारि।
बौरायो यह बचन कहि, गूढ़ उपाय बिचारि।। 11।।

तजे केश तब गृह अभिमनी, सेलन्धरी गई जहें रानी।
कह ऋषि सुनु कुरवंश भुवारा, गशे बीति पुनि इक पखवारा।।
दीपमालिका के दिन रानी, बोली सेलन्ध्री सों बानी।
भोजन मिष्ट कछुक हित भाई, सुरापात्र दै अबाहु जाई।।
दुरपदसुता सुनि अति अकुलाना, जान मोर उहें नीक न रानी।
लज्जा मोरि जीव वहि केरा, रानी जात न लागी बेरा।
यदपि सेलन्ध्री कह्यो बखानी, बरबस ताहि पठायो रानी।
पिये मत्त मद कनक प्रयंका, देखि सेलन्ध्री भयो सशंका।।
अशन पान महि राखि परानी, धाय केश पकरे गहिं पानी।
सेलन्ध्री तब बचन उचारे, गहत केश केहि हेत हमारे।।
तुम मन बसेउ मोर मन सोई, दिन रति कीचक पशु गति होई।

दोहा - रैन गये तुम आयऊ, नाच अखारे जाय।
शिथिल भयो यह बात सुनि, केश दिये मुकराय।। 12।।
योग भज्ञेग सूने सदन, बन निशि कीचक राय।
जाउ तहां हौं आइहौं, याम रैनि गंवाय।। 13।।

जहां उत्तरा की चटसारा, होई मिलाप हमारे तुम्हारा।

खलते लाज बचन नहिं जानी, करि छल गई बहुरि जह रानी।।
कीचक यह सुनि अति सुख पावा, कह्यो सैलिन्ध्री बचन सुहावा।
जात भयो अपने गृह सोई, हैरत बट निशा कब होई।।
गई दुखित तहं द्रौपदी रानी, है पति भूप जहां सुख दानी।
कीचक कानि याको राखी, सो गति बाम भूप सन भाखी।।
आयुस अर्जुन को नृप दीजै, कीचक मारै सो नृप कीजै।
यह कहिकै उपजी तन तापा, ऊंच स्वर करि कीन्ह बिलापा।।
रोवत वाम श्वास नहिं जावै, भूपति बहुत भांति समुझावैं।

दोहा - मास दिवस बीते त्रिया, सो व्रत पूरण होइ।
तौलगि कालहिं काटिये, लखै कछू नहिं कोइ।।14।।

अवधि बीत कीचक सहारौं, तब प्रिय और विचार बिचारों।
की तब लगे रहौं मन मारी, की बनवास करायो नारी।।
सुनि नृप बचन बिकल भैरानी, करत बिलाप हिये अकुलानी।।
उतर देत नहिं बनहिं बनावा, नयन नीर गरे मरि आवा।
रोदन करत चली तब रानी, गै पति अब पति बात न मानी।
बिलखि बदन तिय पहुंची जहां हते बीर बल अर्जुन जहां।।
नयन सनीर कढ़त नहिं बानी, कथा समस्त बखानी रानी।
वरणी कीचक की अधिकाई, कह्यो भूप मन कछु नहि आई।।
दीन्ह जवाब धरणि के धरणा, आइउं पार्थ तुम्हारी शरणा।
मेरो कहो गोसाई कीजे, हति कीचक जग में यश लीजै।।
तुमहि अछत अस हाल हमारा, बल पौरूष कहें गयो तुम्हारा।

दोहा - कह्यो पार्थ तब त्रिया सों, करि अति क्रोधकराल।
आज्ञा पावो भूप की, शठहि बधौं उत्ताल।।15।।

जो भूर्पा की आज्ञा पावों, तौ कीचक यमलोक पठावो।
नृप की कानि न तोरी जाई, तोरे कछु नहि करौं उपाई।।
सरवर तीर सबन के आगे, चलती बार बचन नृप मांगे।

मम आयसु बिन कृत कठिनाई, कृष्ण चरण तेहि कोटि दुहाई।
नृप को बचन न मेटो जाई, मास दिवस तुम रहो चुपाई।।
सुनत सैलन्ध्री अति दुख माना, पारथ को कछु बचन बखाना।
छूटो तुमहि क्षत्रि कुल वाना, तजेउ सान धरि वेष जनाना।
लाज हीन भयो पाण्डु कुमारा, तुमहि जियत अस हाल हमारा।।
सो सुनि पार्थ रहो शिर नाई, माद्री सुनत तीर चलि आई।

दोहा - गई नुकुल सहदेव पहं, बिलखि बदन बर नारि।
अधिकारी ता दुष्ट की, सब बिधि कही पुकारि।।16।।

कीचक बाहं हमारी गही, तुम में कहो कहां पति रही।
मेरे कहे को नहि हंसि टारो, क्यों न आपने अरि कहं मारो।।
सहदेव नकुल कही सुनु रानी, मेटि न जाई भूप की कानी।
कह्यो नृपति भ्वहिं बारहिबारा, भ्राता यह न करेउ अपकारा।।
कटुक कलेउ सुनि लेउ चुपाई, काहुहि उतरू न दीजै भाई।
बिन आज्ञा कृत करम दुरता, जानौ पाप मोर बहु हंता।।
तुम दुख देखि मोहिं कठिनाई, नृप आयुस मेटी नहिं जाई।
सहदेव नकुल बहुत दुख पावा, जोरि पाणि रानिहि समुझावा।।

दोहा - सुनि सुनि तेरे बचन अब, बाढ़त क्रोध अपार।
मेटा जाय न नृप बचन, बिनयौ बारहिबार।।17।।
मारौं कीचक क्षणकमहें, भूपति आयुस पाय।
करै अवज्ञा नानि अब, काकरिन कहि जाय।।18।।

मास एक तू और निवारी, तब सहिकौं, कीचक कहें मारी।
इनहूं ते तिय भई निराशा, पहुंची भीमसेन के पासा।।
सजल नयन भरि आंसू डारे, मीजत नयन भये रतनारे।
पवनपुत्र तब यह विधि जानी, बिलखी ठाढ़ द्वार पर रानी।।
आयो द्वार लखे तिय नयना, श्वास लेत कछु कहै न बयना।
बोली बिलखि आजु गृहमाहीं, कीचक दुष्ट गही ममबाहीं।।

पाण्डुसुवन पर फिरी पुकारी, बे गुहार लाग्यो नहि चारी।
अब तुम स्वामी रहौ खुपाई, गहि सो दुष्ट मोहिं लै जाई।।
सुन्यो श्रवण जब सकल प्रसंगा, रोष बढ़ो विकसो सब अंगा।
लखि त्रिय के मुखकै मलिनाई, दौरिगई दुग में अरूणाई।।
बूझत वचन उतरू नहिं देती, गहवत बयन नयन जल सेती।
कीचक को सुनि तब मुख नामा, भीम सक्रोध भीम बलधामा।।
देखत जो न बधों क्षण जाई, कोटि युधिष्ठर कैर दोहाई।

दोहा - लीन्हो मीचु बुलाइकै, नीच आपने हाथ।
जीतो चाहत श्वान नर, सिंहबली के साथ।। 19।।

दादुर जुरा चहत हरि संगा, चीतहि जीता चहै कुरंगा।
चहत कपोत बाज सन रारी, मूषक जीतन चहत मंझारी।।
गर्दएभ चहत मतंगहि ठेलो, चहत भुजंग गसण संग खेलो।
तुम सन कही बचन कटुबागी, अपने हाथ मीच बहि मोंगी।।
कहेसि विलोम वचन तजि ज्ञाना, यहिकर काल आय नियराना।
सैलन्ध्री यहि विधि समुझाई, चल्यो भीम त्रिय रूप बनाई।।
नाच महल मह बैठो भीमा, दीप बुझाय क्रोध कर जीमा।
तहां कामवश कीचक आवा, नारिजानि कुचपाणि चंलावा।।
गहे भीम तब द्वौ भुज दण्डा, मल्लयुद्ध तहं भयो अण्डा।
करिबल भीम ताहि महि डारा, चला पराय अधम हिय हारा।।
मोहि युधिष्ठिर भूप दोहाई, कीचक बधौं जियत नहिं जाई।

दोहा - काल सर्पसी खेलेउ, कामल हरि अकुलाये।
पूंछ मरोरी सिंह की, अब जीति नहिं जाय।।20।।

पकरौ भीम क्रोध करि धाई, भिरो बहुरि शठ ताल बजाई।।
द्वौ महं हारि न कोई मानै, कोपि अमित गनि युद्धहि ठानैं।
अतिबल भीमसेन तब कीन्हा, पटक्यो भूमि कण्ठ पग दीन्हा।।
मारि दुष्ट प्राणन बिन कीन्हा, मूढ़ उठाय पहुमि तब दीन्हा।।

महा खोहड़े राखो जाई, जानै पुरजन नहिं ज्यहि भाई।
डारेउ भीम तहां बलवाना, परेउ अधम तन श्रृंग समाना।।
लरत ढहेउ गृह शब्द अघाता, सुनि नरेश जागो अधराता।
चाहेउ चलन खड़ग गहि पानी, बरजेउ युगल जोरिकर रानी।।
नाम सैलन्ध्री तुव घर दासी, कीचक करी तासु संग हासी।
गन्धर्व पन्च तासु रखबारें, जानि परो कीचक उन मारे।।
चुपनि रहेउ नृप तौ कुशलाई, सुनि त्रिय बचन बैठि अरगाई।
कह मुनि सुनु जनमेजय राजा, कहेउ सो भीम कीन्ह जस काजा।।

दोहा - माहि दुष्ट धरि खोह में, मनकी ब्यथा नशाय।
अर्द्धनिशा सुतपवन को, निजथल पहुंचो जाय ।। 21 ।।
जागेपुरजन सदन प्रति, प्रात भयौ नर नारि।
मृतक देखि कीचकन ही, कोउ नहिंसक्यो विचार ।। 22 ।।

इति श्रीमहाभारते कीचक बध वर्णनोनामृततीयो ध्याय:।।

दोहा - अन्तपपुर चरबर वदन, सुधि पाई सरपाल।
सचिवसभासदसु भटसंग, तहं आयौतिहिकाल ।। 1 ।।

नृप विलोकि शंका उपजावा, सजल नयन सुख बचन न आवा।
शोक विवश तन दशा विसारी, करत विलाप ताप अति भारी।।
क्यहि यहि बध्यो जानिनहिं जाई, बार-बार कहि नृप बिलखाई।।
करित उपाय मिलै ज्यहि शोधा, बिनअरिनिधन मिटिहिंनक्रोधा।।
बन्धु बद्ध सुधि ता क्षण पाई, भूपति की तरूणी तहं आई।
रोदन करत बहुत अकुलानी, देखतभूप व्यथा तन जानी।।
अपने मनहीं महं दुख माना, बार-बार यह वचन बखाना।
कीचक कौने शूर संहारो, युद्ध जासों युद्ध जुरो सो हारो।।
अंग नहीं क्षत और न आयो, भूलि रहेउ कछु शोध न पायो।
इमि महीप कह बचन बखानी, बोली बिलखि वदन हवै रानी।।

दोहा - रहै तुम्हारे धाम में, जाहि सैलन्ध्री नाम।
गन्धर्व रक्षक तासके, रक्षक आठौ याम॥2॥
कीचक अति आसक्त हवै, गही सैलन्ध्री बाल।
ताही दिनते मैं लख्यो, घेरो है यहि काल॥3॥

कीचक तिन गन्धर्बन मारे, नहिं काहू पर गथउ उखारे।
अब चलि क्रिया तासुकी कीजै, लै लै कुश सब अंजलि दीजै॥
रानी वचन श्रवण सुनि राजा, लागो करन क्रिया को साजा।
तब कुतवाले, बोल्यो राऊ, प्रजा लोग सब बेगि बोलाऊ॥
लै कीचक का घाटै जाऊ, विधि सों पर्व क्रिया करवाऊ।
कह ऋषि कंक नीच को अंगा, छुव तै सुकृत होइ सो भंगा।
उत्तम जाति होइ नर कोई, छुवै अंग कीचक कर सोई।
गयो नृपति सुधि आयो तुरन्ता, कहेउ लै आउ सुवार जयन्ता॥
बार बार तासन कह राऊ, फेरि नृपति अस कहेउ रिसाई।
तै मेटो बल बलन हमारा, मूढ कहां तब होई गुजारा।
मरत्यउं तोहि मूढ अज्ञानी, मानव पाण्डु सुवन के आनी॥
धर्मराज पठयो तकि मोहिं, सरबरि गनों बन्धु की तोहीं॥
नृप के वचन श्रवण सुनि भीमा, कहेउ वचन क्रोधित हवै जीमा।

दोहा - मारो कीचक मैं कहां, कत कीजय है क्रोध।
मो दुख मानत बादिनृप, अंतहि लीजै शोध॥4॥
भोजन भाजन छाड़िकै, मैनहिं अन्तहि जाउं।
मनसा बाचा कर्मणा, तुम कहं बहुत डेराउं॥5॥

सो० करी कृपा नरनाहु, यहि बिधि कही जयन्त सो।

कीचक कौ लै जाहु, दूरि नगर ते कृति करहु॥6॥
बन्धु कुटुम्बी सोइ, मृत्यु कही सों काढ़िकै।
कहा परो है मोहि, ऐसे कर्म न हौं करौं॥7॥

बार बार इमि कह्यो भुवारा, कृति करवाहु जाय सुवारा।

देखिकंक ऋषि केर इशारा, तब जयंत इमि बचन उचारा।।
जो अब भोजन को कछु पावों, तौ कीचक लै घाटै जाबों।
भोजन अमित भूप मंगवाबा, बैठ जयंत तहां सब पावा।।
रोवे कीचक के सब भाई, बरणि विधि बलशील बढ़ाई।।
मेवा वहु पकवान मिठाई, खात जयंत न होत अघाई।।
कह नरेश सुनु वचन जलन्ता, मृतढिंज भोजन कर्म दुरन्ता।
लैजा लोथ करत कत देरा, क्रिया करन हित होत अवेरा।।

दोहा - करिभोजन बलवन्त तब, कीचकलियो उठाय।
दूर नगर ते घाट पर, मृतक उतारो जाय।।8।।
इत कीचक के बन्धु सब, पकरि सैलन्ध्री बाल।
जारनचलयो कुबंध संग, लियोचल्योतेहिकाल।।9।।

अध्याय – 4

पंडवानी : झाड़ूराम देवांगन

जयद्रथ प्रसंग

बोड़ि बृंदावनबिहारी लाल की जै
राजा जनमेजय येतेरहवां दिन के लड़ई हवै।

एही समय मा अर्जुन आगे। समाज मां अपन पुत्र ला नइ देखके कथे बेटा अभिमन्यु कहां है। अभिमन्यु के मरणा ला सुनके महाबली अर्जुन ला शोक होगे। कथे धिक्कार है। महाभारत नहीं युद्ध कराहीं। अर्जुन विचार करिस कि जब पुत्र मर गे तो मैं संसार में का करिहौं। एकर सेतीं मैं लड़ाई ला छोड़ के जंगल में जा के तपस्या करिहौ। मोला सात स्वर्ग के संपत्ति मिलही तभी मैं लड़ाई नइ करिहौं। भगवान जाके बहिनी सुभद्रा ला समझाइस। बहिनी मैं हर ऐसन पुत्र पैदा करे कि कुरूक्षेत्र में मर गे फेर पीठ ला नइ दिखाइस। मति रोवौ बहिनी मति रोवौ। अर्जुन ला जाके देखथे तो तपिस्या करत है। जंगल मे जा के तपिस्या करते हे अउ महाभारत के लड़ाई ला छोड़ दिस। अर्जुन कहथे कि द्वारकानाथ मोला सात स्वर्ग के धन मिल ही तभो मैं लड़ाई नइ करौं। भगवान कथे अर्जुन पाप पुण्य जब दूनहु नासहिं। तब पावहिं नर मम पुर बासहिं। पाप पुण्य खतम होय के बाद में प्राणी मोर लोक में बात करथें। तैं हर क्षत्रिय कुल मां जन्म लिए हस। लड़ाई नइ करबे तो तोला मरे के बाद नर्क मिलही।

।। भजन बिन मुक्ति नहीं होवै भाई ।।
श्याम सुखदाई, मोर हलधर के भाई, भजन बिन मुक्ति नइ होवै भाई।।

अर्जुन तोला लड़ाई करे बर लागही। ग्रसा हुआ मोह ला देख के जान डारिस भगवान। अतेक बड़ गीता के ज्ञान ला बताएवं फेर एक पुत्र के मरे के बाद अर्जुन ला चिंता होगे हे। भगवान कथे अर्जुन तें हर अपन बेटा ला देखना चहत हस का।

ब्याकुल अर्जुन कहन लागे भाई।
भजन बिन मुक्ति नइ होव भाई।
श्याम सुख दाई मोर हलधर के भाई।
भजन बिन मुक्ति हलधर के भाई
भजन बिन मुक्ति नइ हो वै भाई।

भगवान दुवारकानाथ तुरत गरूड़ को बुलाते हैं और अर्जुन ला कथें कि भइया ये गरूड़ मां बैठ जाव और गरूड़ मा बैठ के तोर पुत्र के देखके आओ भइया, बैठ के गरूड़ में चलन लागे भइया।

अर्जुन अउ भगवान दूनो गरूड़ मा बइठ के स्वर्ग में पहुंच गे वहां अभिमन्यु रक्षा करत रहै दरवाजा के। अर्जुन कथे बेटा। तैं मोला छोड़ के कैसे आ गे हस। मैं तोला ले आए बर आए हौं। अभिमन्यु अर्जुन ला कथे कि हे अर्जुन बेटा कहने में लाज नहीं आती।

काको पुत्र और काको जग नाती
यह संसार सपन को साथी।

तोर मरे के बाद तोर अवतार होही तब तैं हर काकर बेटा होबे। ये संसार में नाता असत्य है। मै तो चंद्रमा के पुत्र बुद्ध मोर नाम हे। चंद्रमा पुत्र बुद्ध मोर नामा। सदा करों देवन कर कामा।

काला बेटा कहते हस। यहां से चले जावे। बेटा के नाता निभाना कठिन हे अर्जुन। तोर बेटा तो चक्रब्यूह में समाप्त होगे।

सुनके अर्जुन निराश होके तुरत लहुट गे। भगवान कथे
कइसे जुच्छा आवत हवै भई। कथें ठहरो ठहरो। देखने दो।

अर्जुन ला देख के भगवान पूछथे। तैं बेटा खातिर रोवत रहे। तोर बेटा ला काबर नइ लाने। तो अर्जुन कथे वो तो चंद्रमा के पुत्र हवै। बुद्ध मोर नाम ऐ

बताइस अउ फेर कथे दूवारकानाथ बाप बेटा के नाता ला निभाना रहिस हे तो तैं हर काबर मोला चक्रब्यूह के लड़ाई मां भेजे। दूवारकानाथ सत्य है। अगर पहिली दरवाजा मा सिंधु नरेश जयद्रथ नई होतिस तो अभिमन्यु मरे नइ होतिस भइया। तो अभिमन्यु के मरन नइ होतिस। द्वारकानाथ तोर करा प्रण करत हौं सूरज डूबे के पहिली अउ दिन उए के बाद मैं हर कहूं जयद्रथ ला नइ मरिहौं तो अपन हाथे मां चिता जला के मरि जैहों भाई। सूर्य उदय के बाद अउ दिन डुबे के पहिली नइ मारिहौं तो मैं चिता में जल के मर जाहौं। भंगवान कथे अर्जुन धोखा खागे।

शंकर बर जयद्रथ को दीन्हा
पांचों पांडव विजय वह कीन्हां
कैसे विजै ला तैं करे पाबे भाई

वोतो संकर हर बर दिये हे जयद्रथ ला पांचो भाई पांडव ला जीते बर। अर्जुन कथे दूवारकानाथ मारिहौं नहिं तो मारिहौं। अगर दिन डूबे के पहिली नइ मारिहौं तो चिता मां अग्नि ला प्रज्वलित करके जल जाहूं। भगवान ला चिंता होगे। वो महादेव के पास कैलास में चलने लगे।

धतुरा खाके, भांग ला पिये
आवत हवै भोलेनाथं हा,
धतूरा खाके।
अर्जुन संग चले भगवाना।
महादेव देख के अपन भाग ला सहरान लागिस।
कोटि बरस हमहूं पत कीन्हा
सगुन दरस तबहूं नहिं दीन्हां।
कारण कवन आयहु तुम स्वामी।

भगवान ला दुन्हों हाथ ला जोड़ के कथे दूवारकानाथ तोर आने के कारण क्या है। भगवान कथे महादेव तैं हर जैद्रथ ला पांडव ला जीते के खातिर बरदान दे हस।

आज अर्जुन के मरण होगे। अब जोन मा जैद्रथ ला मार सकै तैसन बरदान दे। महादेव निकाले पासुपत जानहि संसारा। पासुपत बाण ला निकाल करके अर्जुन ला दे के कथ

होइहै दुसमन नास तुम्हारा
लेकर जावहु पसुपत तुम भाई
अब तो अरजुन हर चलन लागे भाई

ये तरफ पासुपन बाण पाके महाबीर अरजुन हर चलथे तो ओ तरफ तो ओती गुरू द्रोणाचार्य कमल के ब्यूह ला तयार करिस अउ कमल के ब्यूह भीतर जैद्रथ ला छुपा दिस। प्रात: काल सतरंगिनी सेना सज जाते हैं।

सजेहु कटक बहु भारी।
कौरव दल होवत हे तयारी
गुरू द्रोणाचार्य अससी हजार सेना लेकर पहिली दरवाजा मा खड़े हे
और प्रण करे हे कि कोटि हरि अर्जुन को अहहीं
कोटि अर्जुन और हरि आवैं तो मोसे द्वार जीत नहिं पावें

और नंदीघोष रथ को भगवान खेदने लगे और पहुंच जाते हैं जहां गुरू द्रोणाचार्य खड़े हैं। बोले–

अर्जुन पहले मुझसे लड़ाई करना होगा और उसके बाद जीतने के बाद कमल के ब्यूह मा प्रवेश करबे। दूसर के धोखा मा झनि रहबे भइया

अर्जुन बाण छोड़थे गुरू द्रोणाचार्य पर। गुरू द्रोणाचार्य अर्जुन ला हुंकार दीस। पहर दो दिवस बीत गे अउ बारा बज गे अर्जुन गुरू द्रोणाचार्य ला जीत नइ सकिस। गुरू द्रोणाचार्य कहिस अर्जुन आज मोर प्रण है एक करोड़ अर्जुन अउ एक करोड़ भगवान आहीं तो मोला जीत नइ सकैं। मैं भगवान के सौगंध खाए हौं। अगर तुमला जीतना है तो तुम पिछवाड़ा के तरप जाओ। भगवान रथ ला फेर दीस। कमल में पहुंच जाते हैं।

बड़े बड़े बाण अर्जुन तब लीन्हे
अउ बाण के बरसा होवन लागी।

कौरव दल कहन लागे यह अर्जुन नहीं काल है। ये कौरव के दल को नास करने आए हे। अस्सी हजार दल लेकर सोमदत्त आए। अर्जुन ला कथे ठहरो। दूसर के धोखा मा मत रहिबे। मोला नइ जानत हस।

कौरव के दल मा सावन सघन बंद तब बरसै।

सावन के महिना मा पानी के बरसा होथे अर्जुन के बाण के वर्षा होत हे। कौरव दल में हाहाकर मच गे अउ का बताओं। एक तरफ हैं महाबली अर्जुन दूसर तरफ है अससी हजार दल लेकर सर्व दिशा से बारिश होय।

एक बाण धरणी धरि दीन्हा

अर्जुन एके बाण मा सब्बो बाण ला काट के धरती मा मिरा दीस। बाण चलाय नभ पर सब छाया

राजा जुधिष्ठिर ला चिंता होगे। ऐसनेव बाण के आवाज ले

बेटा अभिमन्यु के मरण होगे भइया।

राजा जुधिष्ठिर ह दरबान ल बुलाके कथे- अर्जुन साथी ल खबर दे दो। आवज ले मोर कलेजा जराथे। अऊ अर्जुन के पता लगा सारथी रथ मा बइठ के चल दिस। रथ के आवाज होथे। सुनके गुरू द्रोणाचार्य कथे–

सारथी, **जेही मग अर्जुन सकमुन न जावन**
ते ही पथ चाहत गगन उड़ावन

जेन ताकत ले अर्जुन हर आवत माडर्राथे तेहर वही जावतहस। सरथी कथे– मोला राजा जुधिष्ठिर हर बान के आवाज सुनके, घबरा के अर्जुन ल लेन बर पठाए हवय।

भीमसेन भोजन किये। बड़े बिहनियां के दुन्नों झन तैयार हो गए। दुन्नों झन सज करके कुरूक्षेत्र के मैदान म चलिन। दानवीर कर्ण सारथी महाराज दुर्योधन समुद्र जैसे दोनों दल गर्जना करते आगे बढ़न लागिस।

नंदी घोष अर्जुन के रथ ला चलान लगिस भइ़ई।
करुक्षेत्र के मैदान मा पहुंच गइस भाई।

अर्जुन कथे–द्वारकानाथ मोर रथ ला ऊहां ले चल करण के पास पहुंचगे। अर्जुन कथे तै मोर पराक्रम ला देख। अर्जुन के रथपर करण बाण मारत है। महावीर

करण निकालिस बाण अउ बाण चला दिस। अर्जुन कथे करण सुन–कुन्ती के हम पुत्र कहावन

अर्जुन है मम नाम।

लड़के पहिले अपन गोत्र ला बता तै कौन अस। मोर नाव अर्जुन, मैं माता कुन्ती के पुत्र हवौं, राजा जुधिष्ठिर के छोटे भाई हऔं। निकार तोर बाण।

पावक सम अर्जुन सर लीन्है
अगिन बान ला निकालिस अऊ बान के

बदला पृथ्वी में प्रकाश के चिन्गारी निकले लगिस हजार हजार कौरव दल भागिन लगिस दादा। बड़े बड़े बीर आगी में जलन लगिस भाई। देखके कौरव दल में हाहाकार मचगे। देखके कथे–महाराज पावक बाण के आगी ह भसम कर दीस। कोनो हर आगी म नई बचय। बड़े बड़े के नास कराथे का करें जाय। करन कथे–महाराज तै चिन्ता झन कर।

वरूण बान करण तब लीन्हा।
पढ़के मंत्र तुरत तज दीन्हा।।

महवीर करण है वरूण बाण ला निकालिस अउ छोड़िस।
पानी के बरसा होवन लागे भईया...
निकारिस वरून बाण तो पानी के बरसा होइस।
कतेक पानी। सबल सिंह चौहान महाभारत म कहिन है।
रथ हाथी डूबन लगे कोमन पावहीं पंथ
अतका पानी के बरसा होइस, रथ हाथी घज़ेड़ा, सबो ऊफन गे।
जइसे तरिया मा तैरत रथे तो कहत्ते–थाह मिलगे। तो वोहर थाह मिलाथे। मिलगे जमीन तो कथे–मिलगे जमीन के थाह ओ नहीं मिलिस तो कथे ये हर तो अथाह है।

कोऊन पावही थाह ...

आज के मनखे लकर धकर करके बीस कीलो ल उठाहीं तो कथै–ए आदमी के ताकत हवय। ओ समय के ताकत की एक एक बीर के पास दस दस

हजार हाथी के ताकत। तोन मन थाह मिलावै तो थाह नहीं मिलै। ऐसन पानी के बरसा हुइस।

कौरव के सेना डूबन लागिन भाई ...

कौरव के दल डूबन लगे। बताओं महाराज बताओं क्या किया जाय। तब करण ह निकालिस बान। करन हर मरूत बान निकालिस। ओ बान ला छोड़िस तो उन्नचास कोस पवन चलिस। पवन है मिन्टो पानी ला सोख दीस। पानी ल सोख के पवन हर हलहा होगिस।

अर्जुन के रथ दौड़न लागे भाई ... हनुमान ह बइठे रहै। लक्ष्मण ला बाण लगिस तो सहगो पर्वत ला उठाके ले गइस। तौन ह ओकर रथ पर बइठे रहे हनुमान। हनुमान के भारामा तीनो लोक नहीं सह सकै। तौन हर अर्जुन के रथ ऊपर बइठे रहे। पवन के वेग ले व्याकुल हो गए तब भगवान कहिथे। तुम्हारा दल व्याकुल हो गए है। एकर रक्षा करो। अर्जुन निकाल के मारिस अहि बान। अहि कथै सर्प ला। अर्जुन निकाल के मारिस तो एक दू-चार ठन नहीं सहस्त्र सहस्त्र विषधर सब भयेऊ हजार हजार सर्प पवन ला इति ओति होगइन अऊ ठलहा होगइन। सर्प मन कौरव दल मा विष फोंक फोंक के जौन्हे ला पावय तोन्हे ला निगलय। महावीर कर्ण ला कहथे सर्प का काट बताआ–

मोर बान करण तब तजेऊ,
सर्प का नाश करे बर मोर बान छोड़िस
गगन पंथ गरूड़ जब उड़ेऊ।
घर घर के सर्प खावन लगे भईया ...।

एक तरफ अर्जुन करण से लड़ाई एक तरफ भीमसेन लोहा के रथ म बइठ के गये रहय। तेकर लड़ाई हर उद्घाटन हो गये। भीमसेन कथै- सारथी मौर रथ ला ले जाओ कौरव के सामने दुस्साशन के भुजा उखाड़ करके पांचाल कुमारी के प्रण को पूरा न करुं तो वन पुत्र कहलाना छोड़ दूं। भीमसेन कौरव दल में जाते है कौरव दल मा कतका दल बचे रहै–

अक्षोहणी सात दल रहेऊ ...

ओ समय पन्द्रहवा दिन के लड़ाई मा सात अक्षोहणी दल लड़ाई के सुरू मा पांडव के दल में सात अघोणी दल रहिन। पन्द्रह दिन, पक्ष सात अक्षौणी दल अइसन जीव रहय।

कबहूं समर पीठ नहीं दीन्है...

लड़ाई म कथो पीठ नहीं दिखाइन। अइसन बीर रहिन। भीमसेन कहाथे सारथी हमर दल ल लेजाओ कौरव दल मा। आज मैं कौरव दल मा जाकर नास करके अपन प्रण ला पूरा न करूं तो पवन पुत्र कहलाना छोड़ दूं। भीमसेन चलिस ओकर दल में अतका आनन्द होइस तुहूं मन ला ओकर आनन्द ल बताथो।

मानहु दुल्हा सजहिं बराता ....

कतका आनन्द होइस। दुल्हा डौका ह बरात सजाके अऊ मोरला संवर के मोटर कार मा बइठ के दुल्हिन ल बिहाव करें बर जाथे। दुल्हा ला जतका आनंद होथे ओतके आनंद भीमसेन ला होइस।

शंकर अंस आये अवतारा ...
जब द्वापर होते है तब तब भगवान अवतारे लेथे अउ ...
नाना चरित अवनि हित कीन्हा
मारिय असुर सुरन सुख दीन्हा ...।

असुर बल ला मारके देवता मन ला सुख देने द्वापर में भगवान के अवतार होइस ओहर काल ल का डराही। लोहा केरथ में बैठे लोहा के गदा थामें धनुष बाण ला छोड़ दीस।

भीमसेन ह कौरव के दल मा चलिस। कौरव के दल मा भीमसेन जब गरजिस - गरजेही भीम काल समाना ...।

भीमसेन कौरव के दल मा काल के समान गर्जना करिस जइसे बादल मा हवा लगाथे यह तरफ के हवा अऊ औहूं तरफ के हवा। जब दुन्नौ हवा मिलथे तो आगी

पैदा होथे अऊ बिजली चमकथे, अऊ दुन्नो मा जब रगड़ होथे अऊ ओ बादर ह गरजथे तइसन भीमसेन ह गरजय।

गरजय भीम काल समाना ...

भीम ह काल समान गरजा थे। कौरव दल मा संगवारी संगवारी गोठियावंय पांडव के काल आजाही तभो हम भागन नही। हम क्षत्री होते है। आप ओमन ला मारकर अपन अरमान पूरा करो।

सुनेहु आवाज भीम कर भाई ...
ते बेर गरज के भीम सेन हर–
तजि साहस सब जीव पराही ...।

गोठियावत रहंय तेला ओही मेर इस जीव को अइसन भगई भागै लहुट के नहीं देखंय। भीमसेन कौरवदल को भागते देखकर सारथी को कहते हैं सारथी मैं आगे आगे जावाथौं तैं पीछे पीछे आ। रथ ला भीमसेन गदा ला उठाके जब कौरव दल में गए तो–

पवन वेग बहु धूरि उड़ाहि ....।

पवन के पुत्र भीमसेन रेगंय तो कतको उड़ाएं जांए ऐसन वीर हवय भीमसेन। कौरव दल में गदा के पृहार शुरू करिस। एक एक गदा में हजार हजार प्राणी भूमि में लोटने लगय। सारे के सारे वीर भागन लागै भइया। जब भागिन चारो दिसा मा तो गुरू द्रोणाचार्य के बेटा के नाम रहिस अस्वास्थामा। ओहा देखके कथे–काबर कौरव सबौ भागत है भाई।

ठहरो-ठहरो भागे के कारण ला बताओ। क्यों भाई तुम मन कहां भागाथौ। कहां जा रहे हो। भगइया मन कहथै–महाराज ओहिंदे भीम आवथे नहीं बाचन हमन। कहिन महाराज ये भीमसेन आवत है। ते है ल बड़े चीन्हत हे न छोटे ला चीन्हत हे। मार मार सबो ला माराथे। अस्वस्थामा सोचन लागिस अपन ला वीर समझ रहा है। अरे हम का कायर है। सारे दल को नास कर रहे है। क्या कौरव मनला कायर

समझ रहे हवय। गुरूपुत्र अस्वस्थामा कहिथे—सारथी मोर रथ ला ऊहां ले जाओ जहां पवन नंदन भीम है। उसने अपने आपको छत्री समझकर कौरव दल को मारने में जरा भी हिसकिसाहट नहीं है। मैं उसे दिखा दूंगा। मैं गुरू द्रोणाचार्य का पुत्र हूं। ले चलो, मैं भीमसेन से युद्ध करूंगा, अऊ पहुंच गये अस्वस्थामा। ए भीम देखो मैं कौन हूं। तुम्हारा समय अंतिम है। आप जिसको मानते हो ओला याद कर लेवो।

चन्द्र बरू जब करै सहारा।
बांचे तबहुन प्राण तुम्हारा।

तब द्रोणाचार्य के पुत्र कहलाना छोड़ दूंगा। भीम आप जानते नही कि मैं अस्वस्थामा हूं, और गुरू द्रोणाचार्य का पुत्र हूं। तोला चारो देवतो रक्षा करंय। कहै वरूण पुत्र हवये अऊ आगी तोर रक्षा करय। तभो मैं सौगंध खाकर कहता हूं कि तोर प्राण नई बाचे। भीमसेन कहिस—महाराज ब्राम्हण कुल के नाम तुम लान्हा ...। तै तो बाम्हन कुल मा अवतार लेहस तै झूठ बोला थस तो मोला लाज लागये। अभी तुम विचार करके आए हो मैं भीमसेन ला मारहू तो तुम पहिले मोला मार देव। अऊ तोर बर चूक ही तो मोला आरो करवे। तहां मोरो ताकतला देखत होवे। अस्वस्थामा मैं तोला दिखा देहूं। मैं कौन हंव—

ब्राम्हण कुल जनम तुम लान्हा।
क्षत्री सरिस कर्म तुम कीन्हा।

ब्राम्हण क्षत्री ले जीतही? क्षत्री को बाम्हन जीत नहीं सकता। बाम्हन के काम हे दान करनना अऊ दान देना। यज्ञ करना अऊ यज्ञ कराना। बेद पढ़ना अऊ बेद पढ़ाना। तुम बाम्हन घर जनम लेके क्षत्री का काम कराथौ आप तो विचार करके आए हो कि भीमसेन ला मारहौ। कहूं मैं ही मार पारेव तो तोर लालच हर काबर रहय, मार ले। भीमसेन ला सौ बान मारिस। भीमसेन

लगे बान चूरण सब कीन्हा ...।

वज्र शरीर मा लागिस अऊ सब टूटगे। जब भीमसेन की बारी आती है—भीमसेन की बारी आती है भीमसेन निकाले बान, जोर करके जब मारे रथ सारथी तुरत भंग भयऊ

अस्वस्थामा के चारो ठन घोड़ा मरगे। खेदइया घलो मरगे। अऊ अस्वस्थामा ठलहा हो गए। रथ से कूदिस अऊ अपन भागन लागिस। ऐसन भगाई भागिस कि लहुट के नहीं देखिस। सामने वाला सेनापति जब हारजाथे तब ओकर दल के कौन ठिकाना। अस्वस्थामा के आगे के बाद चारो दिशा में कौरव दल भागन लागे। कौरव दल में दुस्सासन बीच दल में खड़े रहय। दुस्सासन के नजर पड़गे काबर कते सबो भागत हैं भाई। दुस्सासन देखकर पूछने लगे—काबर तुममन भागत हौ।

ओमन कथै - महाराज
भीम भयंकर युद्ध कराहि ...।

भीमसेन प्रचण्ड युद्ध कर रहे हैं। उनको रोकने का कौरव दल में किसी में ताकत नहीं है। दुस्सासन कथे—का हम मन कायर हवन? हमार संग चलो। भीमसेन के पास लौटता है। अभी मैं देखथौ ओला। भीमसेन करा आके दुस्सासन कथे भीमसेन—

रहु रहु भीम ठाढ़ तुम रहू हूं ...।
अरे भीम ठहर ठहर। अब देख मैं कौन हूं। मोर नाम दुस्सासन हवै-
खोजत रहेऊं मिलेऊ विधि आजू ...।

विधाता ये ला मैं अब्बड़ दिन ले खोजत रहेओ। विधाता ओला मोर ते मिलन करा दिस। कहिथे मैहूं हर एला खोजत रहेव अऊ मैं प्रण करें हवौ—बने संजोग माढ़े हवय ये हर मोला खोजाथे। अऊ मैं हर एला खोजत हवौ। ऐसन प्रसन्न हो गए। ख्याल आ गए पांचाली द्रुपद कुमारी के। महावीर करण में घमासान युद्ध होवत हे भईया—

बाण सरित सम गगन उड़ाही ...।

तरिया डबरी, अकास मा चीलकौंवा नई उड़य। अर्जुन अऊ महावर कर्ण में घोर संग्राम होथे। कब बाण निकालय, कब बाण जोरय, अऊ कब छोड़ दे, काकरो दृष्टि में नहीं आवाय। बाण करण के पास बीस सहस्त्र बीस सहस्त्र भरकर दस दस सहस्त्र कंवरिहा डोहारत जाय, करण तीर लावत जाय। करण कै बाण इतना चल रहे है अर्जुन आश्चर्य करथे। अतका काटे रहेव खतमेच नहीं होवयं। तेला कथे अक्षय

बाण अक्षय रहै तेकर सेती अर्जुन ला बाण के जरूरी नहीं रहय। दुन्नों में बाण के बरसा होथे। अर्जुन के बाण करण के शरीर ला व्याकुल कर देय करण निकालके अस्सी बाण मारिस।

भयहु प्रकोप अर्जुन तब कीन्हा ...।

बीस बाण भगवान ल लागिस। अर्जुन निकालिस बाण जोन बान भगवान ह दे रहिस ओ बान ना छोड़िस तो डेढ़ लाख कौरव दल के नास कर दीस। ओला देख के करण कोप होके कथे- द्वारकानाथ मैं बाण अर्जुन को प्रहार करूं अन्यथा करण कहलाना छोड़ देहों। ऐसे पाताला के रहने वाला तुम संभू बाण के खोल मे समाए रहे। वो कौन हवै। जेन समय खाडो वन को दहन करने अर्जुन गये। इच्छा पूरण करे रहे। धूमिल नागिन नामके नागिन खाण्डो बन मा रहे। अग्नि बाण ले धूमिल नागिन खतम हो गए। ओकर बेटा पाताल लोक में रहै वो ही अर्जुन से बदला लेबर बान बनके करण के तरकस में समाय रहै। करन प्रण करके बाण ला खींच थे। चुमचंमू नामके बाण को संधान किये। करण जब संधान किये तो चुमचंमू बदला लेये बर अधिक प्रकोप करन लागिसे। चुमचंमू कहे मैं भगवान के सहित हनुमान के सहित अर्जुन के रथ सहित, रथ को न निगल लूं तो मैं चुमचंमू कहलाना छोड़ दूंगा। असन कहिके वहां से चलिस चुमचंमू अपन फन ला फैलाय। कितना बड़ा फन रहिस ओकर–चौदह ताल है लम्बाई अऊ सात ताल रहे चौड़ाई। जाकर चुमचंमू चलन लगे भईया।

चुमचंमू मुंह ला फैलाकर हरि अर्जुन को ग्रसन करने चले। तब अर्जुन ओला देख के बाण मारे। अर्जुन बान मारय तो चुमचंमू के फन मा लगके टूट जाये। बाण चालाते चलाते अर्जुन भयभीत हो गए। भगवान को पूछने लगे–द्वारकानाथ बान चलाए तो असर काबर नहीं होवत हे। भगवान कथे बने मार बने मार और विचार करने लगे क्या किया जाये? अर्जुन के संग मोला ग्रसित कर देंगे। तब बलाथे ठलहा हनुमान ला। हनुमान रथ ला दबाव अऊ पाताल पहुंचा दो। रथला दबा नहीं तो लील जाही रोगहा हर।

उपरीहा मा बइठे रहे दबादिस रथ ला अऊ रथ पातला मा उतरगे।
लेई पाताल अर्जुन कंह गणहु ....।

अर्जुन पातला लोक पहुंच गीस-
चुमचंमु चारन दिसा मा खोजन लागे भाई ...।

कुरूक्षेत्र के मैदान में चुमचंमू खोजाथे। खोजत खोजत हरि अर्जुन नहीं मिलिन। चुमचंमू समझगे हमो अर्जुन के पेट मा समागे। कइसे समागे? जैसे मच्छर उड़त रहिये अऊ कोनो सांस लेथे तो नाक डहार ले समाजाथे। आदमी ला ओकर गुमसुम घलो नहीं होय। भुसरी मुंह समाही तो पता नही लागय अऊ पेट मा समाही तो गड़बड़ी घलो नहीं करय। ऐसन मच्छर सम समागये नंदी घोष भगवान लील के प्रसन्न हो गए। आज मोर भाग भर जागगे।

सेनापति करुपति मोहि कीन्हा।
पांडव जननि दरस मोहि दीन्हा।।

जब माता कुन्ही करण के पास गइस तो करण ह कंचन के सिंघासन में बइठे रहय। सोन के सिंघासन मा। पांडव के महतारी ला देख के करण सिंघासन ले अतरगे अऊ–

कीन्ह प्रणाम लकुट की भाई ...।

अऊ साष्टांग प्रणाम करीस। प्रणाम करके दुन्नो हाथ ला जोर के पूछने लगे–हे देवी इतनी रात में आए के कारण कौन हवय। कहिथे मैं आपके कौन सेवा करौ। अऊ माता कुन्ती कथै–बेटा करन में तोला ले जाये बर आये हवं। राजा जुधिष्ठिर ह मोला भेजे। बेटा करन–

प्रथम पुत्र सुत तुही को जाई ...।

ओ बेटा मैं तोला पहिली पैदा करे हौं। मैं तोला ले जाए बर आए हंव। राजा जुधिष्ठिर के कहना है कि महाभारत बिदा हो ही ओकर बाद हस्तिना के राज तोला मिलही। एकर सेती मैं तोला लेगे बर आए हों। करण हर आश्चर्य हो गए–का बताये जाय। मोर उमर हो गए पर मैं अपन महतारीला जानत नहीं रहे हो। तोला तो मालूम हवैय मैं सूत के पुत्र हवौं पर–

जननि को जानत हम नाहिं ...।

अपन महतारी ला में आज तक जानत नहीं रहे हो। आज मैं तोला देखेव तो माता के दरसन होइस। तै मोर महतारी हस तो थोएका ठहरजा मैं अभी आवाथो। करन हर कुन्ती ला खड़ा कर दीस अऊ सुरजनारायण अगिन के साखी करिस। करन ला कहे–बेटा जब करन हर जमना मा कूद के गिरिस तो सर्य नारायण परगट होके कहिस बेटा तुम क्यों जमुना में कूद के प्राण देना चाहते हो, तो कहिस–

माता पिता जानत हम नाहीं ...।
बाप का खेल खिलावत नाहिं ...।

सब मोला बिर्रा कथै। एकर सेती मैं संसार मा जीके का करहां। तो सूर्य नारायण कहिन बेटा मोर पुत्र हस। तौ कर्ण कथे कि पिता अब जननि को जानी। तै हर मोर बाप हस तो महतारी कौन हे तो तुरते पगड़ी देके कहिस

अर्जुन तीर जानय संसारा।
पहिनय जो सो माथ तुम्हारा।।

अपन सिर के पगड़ी ला करन ला देदिस। अर्जुन सिर के पगड़ी के जरिये सम्पूर्ण विश्व में पता लगाले रिहिस पर करण के महतारी मिलिस नही। अऊ जोन दिन सेनापति होइस। लड़ाई के भार करण के सिर पर दीस तो दानवीर करण माता कुंती कथे बेटा तैं हर मोर पुत्र हस। तो करण जहां अर्जुन सिर के पगड़ी राखे रहिस कहां गिस। अऊ लाके अगिन चीर के पगड़ी ला कथे मां ये सुरजनारायण के अगिन चीर के पगड़ी है। सूर्यनारायण के कहना रहिस कि एला पही पहन सकाथे जोन हर तोला जनम दिये हे। तो तैंहर लालच में पड़के मोला पैदा नही करे होबे तो ये पगड़ी हर भस्म कर देही। तैंहर मोहब्बत मा कहत होबे तो एला तैं मत पहिन। नही बेटा मैं तोला जनम दे हवं। ते मोला पैदा करे हस तो, जननी तो जननी भई पर महतारी तोला धिक्कार हे। पांच झन बेटा के पालन करे अऊ मोला काबर पालन नहीं करे? माता कुन्ती कथे–बेटा ओ समय में राजाभोज के घर रहत रहेंव। बेटा में एक दिन मंजन करके ऋषि दुरवासा के सेवा करेंव। चार महीना सेवा करेव।

भयेऊ प्रसन्न ऋषि मोहि वर दीन्हा।

ऋषि प्रसन्न होके मोला बरदान दिस- बेटी ये माला ला लेजा। पहिन के जऊन देवता ला स्मरण करबे तऊन देवता तोला दरसन देही। मैं लइका जात ओ माला ला डारके मोर खियाल भुलागे। एक दिन मैं जमुना जल मा मंजन करें खातिर गये रहेंव। उदयाचल दिशा में सूरज उदय हो गए। मोला खियाल आ गए ऋषि दुर्वासा–

बिन मांगे मोहि बर दीन्हा ...।

मैं हर ओला गठिया डारे रहेव। मैं समझ नहीं पायेंव बानी गलत नहीं होय फिर मैं लइका जात ओला समझ नहीं पायेंव। सूर्य के अराधना करेंव। सूरज नारायण प्रगट हो गए, कहिस–

मम समान तोर पुत्र होहि ...।

मोर सही तोर बेटा होही। मोला बरदान दे दिस। सूरज भगवान अऊ तोर जनम हो गए। लाज बस मैं तोला नदिया मा बहादेव। मैं नहीं जानो बेटा ...।

अध्याय-5

पंडवानी : पद्मश्री तीजन बाई

पांचो भाई पंडवा अऊ द्रोपदी बइठे हैं। चर्चा करत हे व्यासनरायण हर। धर्मराज ला समझावत रहिन। ये तो न तो धर्मराज युधिष्ठिर के मन में अऊ न गदाधारी भीम के मन में सोहात रहे कि कैलासपति ला जाके जितहूं अउ पशुपत ला लानहूं। फेर अरजुन कहिस—कैलासपति भोलानाथ ला विजय कर लूं तो जग जीतने में कोई देरी नई हे। अर्जुन बोले—भईया धर्मराज मेरे को छुट्टी दे दो। मैं भोलेनाथ करा जाउंगा। धर्मराज कहिथे भइया अरजुन तैं हर हमला छोड़ के जाबे तो हम लोगों का क्या होगा। तैं हर जाबे तो जाबे कहां। अर्जुन कहिस भइया धर्मराज भोलेनाथ ला विजय कर डाले तो तीनों लोकों को जीतने में कोनो देरी नहीं है। अर्जुन का आवाज सुनकर धर्मराज चित पड़ गए। बोले अरजुन हम लोग छै भाई पीला एक साथ आए थे। तैं हर आज मोला छोड़ देबे तो आज के बिछऐ न जाने कब मिलें। अर्जुन बोले—चिंता फिकिर मत कर। रोए गाए ले बात नइ बनै बड़े भइया। मोरो बात ला सुन। आज के बीते पांच साल के बाद मैं हर कैलास परबत मा मिलहों। कैलास परबत मा मोर रद्दा ला जोहत रहिबे। अर्जुन बानधारी कथे- मोला छुट्टी दे देव। भोलेनाथ ला जीत लेतेंव तो तीनों लोकों को जीत लेने में देरी नहीं है। सरीर ला कठोर करके धर्मराज बड़े प्यार से बोले अर्जुन भुलाबे मत पांच साल मैं गिनती लगाहूं। छठवां साल तक मैं तोला देखत बइठे रहिहों।

अरजुन अकेला जा के पहुंच गिस कैलास परबत पर। धूनी रमा के बइठ गिस। छै महीना के आवत ले भगवान के भजन करत हे। फेर छै महीना रूख के पत्ता ला चाब के रहिस अउ ओतको के नइ माने मा धरिस तो बिचारा हर हवा ला पीके। तभी भोलानाथ हर आए बर नइ करिस तो आत्मा में अरजुन हर सारे चीज

ला त्याग दिस। अरजुन कतेक सुदर कैलास पती के ध्यान मां मगन रहे। भोलानाथ मोर बर दया कर दे।

आवत होही,
बइला के सवारी महादेव आवत होही।

अरजुन के ध्यान अउ श्रद्धा अउ भक्ती मां कैलासपती के आसन डगमगाने लगे। भोलेनाथ मगन गांजा भांग पिए। इहां पारबती कथे–तोला का होगे भोलानाथ जाकर दरसन काबर नइ देस। हमर आसन हर डोलत हे। महादेव कैलासपती कहिस– ये हर कोनो जोगी जती नइ आय, ये अरजुन है, कुंती के मंझला बेटा। ओकर श्रद्धा अउ भक्ती ला हम मन का पाबो। नर अउ नरायन मा कोनो अंतर नइ ए। अपन ध्यान लगाए बइठे है मोला बलाए बर। मन माने बर मांगही। पारबती बोली–भोलेनाथ अइसने बात बार बार मत गोठियाव। ओकर पास सक्ती हे, राज हे ऐसे को क्या कमी है। भोलानाथ कहिस–ओकर पास श्रद्धा भक्ती है और ऐसा ताकतवर पुरूष है कि बाप रे बाप। सुनके पारबती हर मुंह ला फुला लीस। संकर जी बइठे हे अउ पारबती हर मुह ला फुलाए ओ कोती बइठे हे। पारबती कथे बिपदा ला टारे बर चलबो लइका के चाल ला लीला देखाबो। संकर खिसिया गे। चलो जल्दी चलो। पारबती कहिस। संकर भोलानाथ कथे ऐसन मां नइ जान। अरजुन के परीच्छा लेना है। ऐसना मा जाए मां नइ बनै। भेस बदल के जाबो। पारबती कथे–तो कइसे करब। संकर कथे–तैं बन जा भिल्लिन अउ मैं बन जाथों भील। पारबती भिल्लिन बनगे अउ संकर हर भील बनगे। सिकारी मन के भाग पारबती सिकारिन बने हे। पारबती आउ संकर दोनों हाथ में तीर कमान धर लिए। बरहाले सिकार करने के लिए संकरजी के मारे बान बरहा के हृदय में लगे हे। अइसना में अरजुन के आंखी के आगू बरहा हर दौड़ जाथे। जहां भोलेनाथ के ध्यान लगाए रहिस ओमा बरहा आ जाथे। बाहर के आवाज ला सुन के अरजुन आंखी खोल उठा के गांडीव धनुष दौड़ के जांथे बरहा ला मारे बर। ओ बरहा तूने मेरे सारे तप को भंग किया है तुझे मारे बिना छोड़ूंगा नहीं। संकर बोले रूक जाओ मेरे शिकार किए बरहा को हाथ लगाओगे तो मार के रख दूंगा। अरजुन देख के बोले ए सिकारी रूक जा तोर सिकार बरहा से तो बाद में निपटूंगा पहले तुम से निपट लूं।

संकर अउ अरजुन में मच के लड़ाई। भोला कथे आज तोला बिदा किए बगर नई छोड़ौ। दोनो के जवाब सवाल चलत हे। अरजुन खिसिया के कथे ठहर जा ठहर जा पहले बरहा से निपट लूं। फेर तोर संग निपिटिहों। अरजुन निसाना जमा के बान छोड़थे। सननन नन सनन नन।

बान लागे ले बरहा हर जमीन मां गिर जाथे। अरजुन हर आंखी ला निंकारे कथे ओ सिकारी बाहर आव। मैं बार बार बरजेव मेरा ध्यान मत तोड़ो पर मेरा ध्यान तोड़ दिए हो। सोच लो चारो तरफ से हड्डी तोड़ के न रख दूं तो हम भी सिकारी कहलाना छोड़ दें। संकर बोले अरजुन बोले कमाल है। एक तरफ तुम्हारी सेना और एक तरफ अकेला मैं। तैयार हो जाओ। मोला भोला भगवान के दरसन नइ करने दिए। अरजुन अग्नि बान छोड़े। गनके सनन सनन चारो तरफ अगनी धधक गे। शंकर कहे—कमाल है। कताको मोर सैना जल गए। भोला नाथ पवन बान चलाथे। अरजुन पानी के बान चलाथे तो भोला हवा के बान चलाथे। संकर कथे जौंहर के लऐया लइका है। संकर हर नाग बान छोड़थें। कूद कूद के सांप मन गिरत हें। चारो तरफ सर्प घेरा डाल दिए। अरजुन निकाल के गरूण बान चला दिए। पतड़ पतड़ गरूड़ हर सांप मन ला खावत हे। पतर पतर घरा लगावै गरूड़ जी। संकर कथे। अइसन में ठिकाना नइ ए। ये लइका हर मोला हर डारही अउ मोर जम्मो सेना ला मार डारही। जब तक लइका के संग मा जब तक बान रहिही मन में सोचत हे संकर जी करों तो का करौं। तब बोले अरजुन—चले आइए हो जाए आज तुम्हारी मेरी लड़ाई। अरजुन बोले कमाल है। संकर जंघा ठठावत दौड़त हे। संकर हर कोल भील के रूप में रहे सिकारी। संकर हर बान त्याग कर भगत बर करत हे लड़ाइ। अरजुन कथे—सिकारी बान तरकस से लड़ाई करने में तुम्हारा दिल कमजोर है तो फिर भुजामें ताकत है तो आ जाइए। दोनों के दोनों मार भुजा अरियावत छाती ले छाती जोड़त जोर लगावत हें। दोनो जन पेली क पेल ढकेली के ढकेल दोनों तरफ बराबर। पारबती कथे मैं का करौं दाई। भोलानाथ ला लाने बर जिद करेंव। मोर भोला बुढ़वा ये अउ ये हर जवान ए। भोला हर ओला नइ पाही। संकर अरजुन मा मचे रहे लड़ाई। पारबती हर अपन हाथ ला रमजै। मैं का करौं दाई। ओ लइका हर कतेक लड़इया हे। उही ला कथें। साचे प्रेम प्रसंग पतंगा हर दिया मां जर जाए। अरजुन रूपी दिया मां मोर बुढ़वा भोलेनाथ पतंगा असन जरत हे।

पारबती हर हाथ ला रमजै। मैं का करौं दाई। मैं भोलानाथ ला ओ लइका हर कतेक लड़ैया हे कहि पारयों। पारबती हर हाथ ला रमजै जब अरजुन हर संकर ला नीचे पटकै तब। मैं का करौं दाई। ये इलकरहा लइका। मोर भोला हर एक मुठका मारैथ तो ओ हर पांच मुठका मारथे। काबर चढ़ें हे जोम अरजुन के। तोर बरहा के खातिर मोर जनम दिन के तपस्या नष्ट करे। तोला नई छोड़ौं कहिथे। संकर हर एक मुठका मारै तो अपन पांच मुठका मारै। गिजिया गिजिया के पटकै। पारबती हर लुका लुका के हाथ गोड़ ला रमजै। का करों मोर जिंदगी जात रहिही। ये लइका ला जेतका जान दे जान दे कथों ततके लाघो लेत हे। संकर अरजुन ला एक मुठका मारे। संकर के बज्र असन मुठका न सह सकै अरजुन घायल होके गिर गे। पारबती आके अंचरा लगा के भोला के पीठ के पसीना ला पोछन लागिस। का बताओं भोला तोला मनमाने ठठाए हे हो। संकर कथे चुप रह। तोरे कहे ले पेर के रख दे हे अब दुलार पुरोवत हस। अभी ये लइका मरे नइ ए। मुर्छा हे मुर्छा। अरजुन हर फेर उठहीं तो फेर मुठकेच कुठका मा ठठाही। पारबती कहिथे टार ददा। अरजुन के मुठका के मार कम नो होय। ओला दरसन दे दो। दरसन तो देनाच हे। साज्हो मां देबो कि टेड़गा मा देबो। अपनो दरसन नइ देबो तो फेर ठठाही। पारबती कहिथे टार ददा ओकर मुरछा के जावन के बेर खड़े रहन। कैलासपती बड़ा दुखी होगे। अरजुन के मुरछा दसा देख के बड़ा दुखी होगे।पारबती कथे—का देखत हों। ओ लइका हर कतका बेर आंखी खोलही तेला देखत हौं। टार पड़े रहन दे तोला मारिस तो हमला नइ लागिसका। वाहरे दुलारवाली। ओतका दुलार पहिली ले जाने रहिते तो लइका के परिच्छा ले बर खिसिया के नई लाने रते। अरजुन के सरीर मां ठंढा ठंढा आबहवा परिस फरहुर फरहुर तहां बिचारा हर जेन अल्लर खाए पड़ें रिसि हाथ गोड़ मा तांकत आगे। आंखी खोल के देखिस। कहां है वो गांडीव धनुष वाला आलायक। संकर कथे कि देख ओकर चाल ला। पारबती तें आगू आ। अरजुन के ललकार ला सुनके संकर अउ पारबती ओला दरसन देत हें।

बदला के सवारी
पारबती बैठे पीछू
संकर पाछू मां बइठे हवै
का बताओं भाई

अरजुन एक नजर लगावै। केंलासपती के सच्छा ला देख के बोले—हे भोलानाथ आज मोला धोखा दे के सिकारी बन के आए। बहुत पाप के बोझ मोर मोटरा मां बांध के सिर मा रख दिए हौ।

भोले कहे—हे बेटा मैने तुम्हारे कठिन परीच्छा लेने के लिए आया। अर्जुन बोले कि क्या तरीका है भोला कई दफा तुमने मेरे को मारा है। अपने भक्त को उसी तरह दरसन दिए करो भोलानाथ। तुम लोगों को तन मन धन देकर हम लोग प्रणाम करेंगे। आप आशीर्वाद दो।

अर्जुन मैंने कितने कठिन परीच्छा लिया। तुम मुझको जीत लिए हो बेटा। मेरी तरफ से ये लो। बानधारी अरजुन को बरदान देकर बड़े प्रेम के साथ संकर जी प्रसन्न हुए और अरजुन गदगद होकर खुशी होने लगे।

ये पसुपत बान भोला हर अरजुन ला देवत हे अउ अरजुन हर लेवत है। पर्रा हाथ पसारे अरजुन हर लेवत हे।

मोर बिगड़े ला बना दे भोलानाथ जी ऽऽऽ

पारबती बड़ा खुशी होकर हरष होने लगी। पसुपत बान भोला देवत हे देवता फूलन के बरसा बरसावन लगत हे। जै हो भोला, जै हो भोलानाथ। तोर जै हो। अरजुन के लिए में बड़ा खुशी होय। भोला मैं जोन चीज ला मन में सोचे रहेंव बड़ा प्रेम के साथ पाए हों।

अरजुन कहे। कैलासपती तो मैने विजय कर लिया। ब्यासजी के कहे बचन कि अगर भोलानाथ प्रसन्न हो जाए और पसुपत बान प्रसन्न होकर तुझे दे दें तो सोच लो देवलोक जीतने में कोई संदेह नहीं। अरजुन हर मन में गुनत रहे। इधर देवलोक चर्चा होवै। बेटा हो तो ऐसा हो। अरजुन जैसा अपन पिता के नाम रोसन बढ़ा दी, कैलासपती जीतकर पसुपतबाण प्राप्त कर लेने के बाद क्या देवलोक जीतने में देरी रहेगा। इन्द्र देव जहां ऐसन बात ला सुनिस तहां ओकर जी हर ऐसन खुसी हो गए। ओ मातुल सारथी ओ मातुल सारथी, अब देरी मत लगाओ जल्द से जल्द मेरे रथ तयार करो आज अर्जुन के पास पहुंचना है और अरजुन को देवलोक में लाना है। इन्द्रजी के बात ला सुनके। घोड़ा तयार किए। मातुल कथे।चलो चलो घोड़ा। घोड़ा कथे मोला मारत काबर हस। घोड़ा के बागडोर हाथ में लिए घोड़ा भगावै—घरारारारारा। भगत हे घोड़ा। घूमत घामत

अरजुन के पास मां पहुंच जात है। अपने पिताजी को आते हुए दौड़ के प्रणाम करे अरजुन। इंद्र कथे तोला देवलोक में चलना है। अरजुन मृत्यु में न रहकर देवलोक में चलिए।

देवलोक में जावत हे। नागे दरवाजा दरबार भरे हवै गा। अरजुन हर दरबार में आवत हवै गा। हे अरजुन पिता के दरबार में पहुंच के दरबार के सोभा बढ़ाने लगे। दरबार लगे हे सुन्दर। इंद्र जी कहे ओ, आप क्या देख रहे हो जाओ अभी एक से एक नाच गाने वाली लाओ। आज तो खुसी मनाना है। इंद्रजी के लगे दरबार में एक से एक नाच गाना होत रहे। अर्जुन के आने के उपलच्छ में।

❑❑❑

श्री शेख गुलाब द्वारा प्रलेखित एवं डॉ. टी.बी. नायक द्वारा जनजाति संग्रहालय के लिए प्रकाशित *पण्डुवानी* गाथा के मुखपृष्ठ का चित्र।

जिला डिंडोरी, ग्राम पाटनगढ़ का एक परधान पंडवानी गाथा गायक *चित्र म. प. आदिवासी लोककला अकादमी के सौजन्य से*

तीजन बाई सबल सिंह चौहान के महाभारत ग्रंथ का एक पद गायन कर नृत्य करते हुए प्रस्तुति दे रही हैं। पंडवानी एकल नाट्य रूप है, जिसमें एक ही कलाकार समस्त पात्रों को अभिनीत करता है। पंडवानी की प्रस्तुति को रोचक बनाने हेतु कलाकार नृत्य गायन, संगीत तथा अभिनय सभी का कुशलता से उपयोग करते हैं।

तीजन बाई जो वर्तमान की प्रसिद्ध गायिका हैं। इन्हें पद्मश्री, पद्मभूषण तथा मध्य प्रदेश छत्तीसगढ़ एवं अनेक राष्ट्रीय सम्मानों से सम्मानित किया गया है। भारत से बाहर अनेक देशों में प्रस्तुतियाँ दे चुकी हैं।

तीजन बाई कर्ण पर्व की प्रस्तुति में भीमसेन का अभिनय प्रस्तुत कर रही हैं।

तीजन बाई इस चित्र में सभा पर्व में दुर्योधन का अभिनय प्रस्तुत कर रही हैं।

तीजन बाई अर्जुन को गीता का उपदेश देती हुई कहती हैं कि युद्ध में सत्य के साथ रहो। यहाँ न कोई भाई बंधु है और न कोई मित्र। उठो और अपने धनुष-बाण उठाओ और युद्ध हेतु तत्पर होकर युद्ध करो।

कीचक द्वारा अपमानित होने पर अपनी व्यथा अभिव्यक्त करते हुए द्रोपदी (सैरिन्द्री) का अभिनय प्रस्तुत करती हुई पंडवानी कलाकार तीजन बाई।

तीजन बाई सभापर्व में द्रोपदी के चरित्र को अभिनीत करती हुईं। इस प्रसंग में दुशासन द्रोपदी को बालों से पकड़ कर घसीटते हुए सभास्थल पर लाता है, और उसे अपमानित करता है। वह उसके वस्त्रों को खींच कर नग्न करने का प्रयास करता है। पांडव किंकर्तव्य सर झुकाए बैठे हैं। तब द्रोपदी ने कृष्ण को पुकारा और उन्होंने उसके सम्मान की रक्षा की।

तीजन बाई अर्जुन का चरित्र अभिनय के माध्यम से प्रस्तुत करते हुए। जिस दिन अभिमन्यु का वध हुआ उस दिन जैद्रथ कौरव सेना का नेतृत्व कर रहे थे। अर्जुन ने प्रतिज्ञा की कि वह सूर्यास्त के पहले जैद्रथ का वध कर देगा अन्यथा वह अपना जीवन समाप्त कर देगा। कौरवों ने उसे छिपा दिया था और वह रणभूमि में दिखाई नहीं पड़ा। तब कृष्ण ने अपने प्रभाव से सूर्य को ढक लिया और कौरव समझे कि सूर्यास्त हो गया है जैद्रथ प्रकट हुआ और सूर्य पुनः चमकने लगा। उसी समय अर्जुन ने जैद्रथ का वध कर दिया।

महाभारत युद्ध की समाप्ति के पश्चात सभी कौरव और उनके सेनापति एवं सहयोगी मारे गए, तब उनकी विधवाएँ एकत्र हुईं और उन्होंने अग्नि में कूदकर अपना जीवन समाप्त कर दिया। वे सभी सती हो गईं।

भीम के हाथों दुर्योधन का वध हो जाने पर द्रोपदी संतुष्ट होती है कि उसके अपमान का प्रतिशोध ले लिया गया। धृतराष्ट्र गांधारी को शांत कर रहे हैं। गांधारी की आँखों पर पट्टी बंधी हुई है। उसके पति अंधे थे इसलिए उसने भी अपनी आँखों पर पट्टी बांध ली थी। इस संपूर्ण प्रसंग को तीजन बाई अत्यन्त कुशलता के साथ प्रस्तुत कर रही हैं।

शांति पर्व प्रस्तुत करती हुई भावपूर्ण मुद्रा में तीजन बाई।

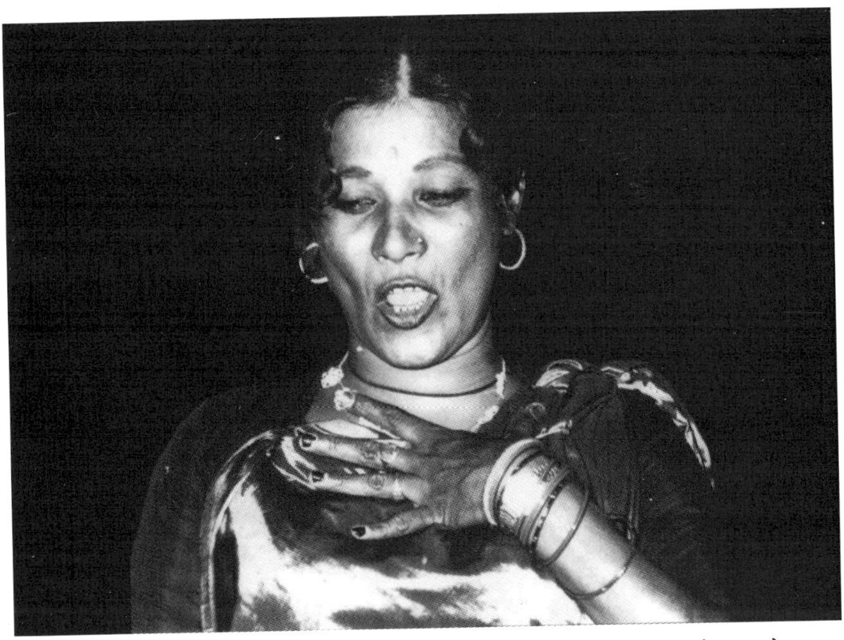

विराट पर्व में द्रोपदी का अभिनय प्रस्तुत करती हुई तीजन बाई। विराट के राजा के साले कीचक जो उनका सेना प्रमुख था, द्वारा अपमानित होने पर पांडवों को अपनी व्यथा सुना रही हैं।

तीजन बाई महाभारत के एक प्रसंग को प्रस्तुत करती हुईं भावपूर्ण मुद्रा में।

भीम द्वारा अति बलशाली कीचक का वध हो जाने पर संतोष प्रकट करती हुई द्रोपदी। इसी प्रसंग को शांति बाई चेलक प्रस्तुत कर रही हैं।

तीजन बाई महाभारत कथा को प्रस्तुत करती हुईं।

ऋतु वर्मा जिन्होंने अपने पिता के मार्गदर्शन में आठ वर्ष की उम्र में ही पंडवानी गायन आरंभ कर दिया था। बाल कलाकार के रूप में जापान में अपनी प्रस्तुति दे चुकी हैं।

शांति बाई चेलक पति के साथ पंडवानी प्रस्तुत करते हुए। इन्होंने अपनी शैली को गायकी से समृद्ध करके अपनी निजी शैली का विकास किया है।

शांति बाई चेलक कृष्ण का सारथी रूप में अभिनय प्रस्तुत करती हुई। महाभारत युद्ध में कृष्ण अर्जुन के सारथी बने थे। इस चरित्र की प्रस्तुति को जीवन्त बनाते हुए अदाकारा अपने तंबूरे के तारों को इस प्रकार खींचती है मानो कि वह घोड़ों की रास खींच रही हो।

शांति बाई चेलक उद्योग पर्व के एक प्रसंग को प्रस्तुत करती हुईं जिसमें कृष्ण द्वारा गीता का उपदेश सुनकर अर्जुन युद्ध के लिए तैयार हो जाते हैं।

कीचक वध प्रसंग को प्रस्तुत करती हुई पंडवानी कलाकार शांति बाई चेलक। विराट नगर में अज्ञातवास में रहते हुए पांडवों ने अपने नाम बदल लिए थे। इस प्रसंग में इन्द्री नाम से विराट नगर की रानी की सेविका के रूप में द्रोपदी वहाँ अपने पाँचों पांडवों के साथ रह रही थीं।

शांति बाई चेलक द्रोण पर्व प्रस्तुत करती हुईं।

शांति बाई चेलक अपने तंबूरे के तारों को धनुष की प्रत्यंचा की तरह खींचते हुए भीष्म पर्व में अर्जुन का अभिनय प्रस्तुत कर रही हैं।

झाड़ूराम देवांगन गदा पर्व में भीमसेन प्रसंग में दुर्योधन को संघर्ष हेतु ललकार रहे हैं।

पंडवानी के शीर्षस्थ कलाकार श्री झाड़ू राम देवांगन। इन्हें मध्य प्रदेश, छत्तीसगढ़ एवं राष्ट्रीय स्तर के सम्मानों से विभूषित किया गया है।

झाड़ूराम देवांगन कृष्ण द्वारा कौरवों से समझौता वार्ता विफल होने पर भीम द्वारा युद्ध की घोषणा करते हुए प्रसंग की प्रस्तुति करते हुए।

झाड़ूराम देवांगन शांति पर्व प्रस्तुत करते हुए। महाभारत युद्ध की समाप्ति के पश्चात युधिष्ठिर को युद्ध की निरर्थकता का बोध होता है। इतने संहार के उपरान्त भी युद्ध से क्या प्राप्ति हुई?

झाड़ूराम देवांगन शांति पर्व प्रस्तुत करते हुए। महाभारत युद्ध में दोनों ओर के अधिकांश योद्धा मारे गए। इस विनाश और युद्ध की विभीषिका का परिणाम क्या निकला। युद्ध की निरर्थकता प्रस्तुत करते हुए एक भिन्न मुद्रा में कलाकार।

झाड़ूराम देवांगत स्वर्गरोहण पर्व प्रस्तुत करते हुए। महाभारत युद्ध के पश्चात युद्ध की निरर्थकता का बोध होने पर पांडव हिमालय पर्वत की ओर प्रस्थान करते हैं।

दुर्योधन से युद्ध करते हुए कृष्ण भीम को संकेत देते हैं कि वह गदा से दूर्योधन की जंघा पर आक्रमण करे। अभिनय द्वारा गदा पर्व के इसी प्रसंग को झाड़ूराम देवांगन प्रस्तुत कर रहें हैं।

सभी यादव मारे जाते हैं और कृष्ण का वध भी एक आखेटक द्वारा हो जाता है, मूसल पर्व के इस प्रसंग को झाड़ूराम देवांगन प्रस्तुत कर रहे हैं। मूसल कृष्ण के बड़े भाई बलराम का हथियार था। दुर्वासा ऋषि ने कृष्ण के पुत्र संभ को श्राप दिया था कि उसके उदर से वह मूसल प्रकट होगा। उस मूसल को कुचल कर समुद्र में फेंक दिया गया। जिससे ऐसी घास उत्पन्न हुई जिसकी धार अत्यन्त पैनी थी। उस घास से आपस में लड़ते हुए सभी यादव मारे गए और संपूर्ण यदुवंश समाप्त हो गया।

झाड़ूराम देवांगन गदा पर्व में भीम का अभिनय प्रस्तुत करते हुए। भीम दुर्योधन को ललकार रहा है और वह भाग रहा है। अन्त में दोनों का गदा युद्ध होता है और दुर्योधन भीम के हाथों मारा जाता है।

महाभारत युद्ध में भीम दुर्योधन को ललकार रहा है। इस प्रसंग के अभिनय में झाड़ूराम देवांगन अपने तंबूरे को कंधे पर गदा की तरह रखकर भीम का ओजपूर्ण अभिनय कर रहे हैं।

गदा पर्व में भीम सिंह की तरह दहाड़ते हुए दुर्योधन पर आक्रमण करते हैं और युद्ध में दुर्योधन मारा जाता है।

एक देवार पंडवानी गायक। देवार एक घुमंतु जाति है जो अपने कलाकर्म के लिए प्रसिद्ध है। देवार कलाकार भी अपनी जातीय गाथाओं के साथ ही परधानों वाली गाथाएँ पंडवानी, गोंडवानी तथा रामायणी का गायन करते हैं। इस जाति के लोग अब अपना पारंपरिक पेशा छोड़ते जा रहे हैं। अब गाथा गायक विरला ही कोई बचा होगा।

रेवाराम गंजीर जिन्होंने भारत से बाहर अनेक देशों में पंडवानी प्रस्तुत की है। इन्होंने नाचा शैली में पंडवानी की अपनी निजी शैली का विकास किया।

रेवा राम गंजीर : सभा पर्व प्रसंग प्रस्तुति करते हुए।

रेवा राम गंजीर पैरों में घुंघरू बांधकर नाचा शैली में पंडवानी प्रस्तुत करते हैं।

रेवाराम गंजीर दुर्योधन का अभिनय प्रस्तुत करते हुए। वह भीष्म पितामह से युद्ध हेतु तैयारी करने का आग्रह करता है। वे कौरव तथा पांडवों दोनों के ही पितामह थे और कौरव सेना के सेनापति थे। उन्होंने दस दिनों तक कौरव सेना का नेतृत्व किया। दसवें दिन अर्जुन ने उन्हें मार गिराया। उनके बाद द्रोणाचार्य ने कौरव सेना का नेतृत्व किया।

युद्धिष्ठिर द्वारा जूए में द्रोपदी को दाव पर लगा दिया गया। कौरव जूए में जीत गए और उन्होंने दुशासन के द्वारा द्रोपदी को बाल पकड़कर घसीटते हुए सभा में लाने को कहा। द्रोपदी ने इस कृत्य के लिए युद्धिष्ठिर को दोषी ठहराया। इस प्रसंग को प्रस्तुत करते हुए द्रोपदी का अभिनय करते हुए प्रभा यादव।

प्रभा यादव जो वर्तमान समय में महिला पंडवानी कलाकारों में विशिष्ट स्थान रखती हैं। यह चित्र उनके वन पर्व की प्रस्तुति का है।

प्रभा यादव विराट पर्व में द्रोपदी का अभिनय प्रस्तुत करते हुए। द्रोपदी जब कीचक द्वारा अपमानित होती है तब वह भीम से गुहार करती है कि वे उसके सम्मान की रक्षा हेतु कीचक से बदला ले।

इस चित्र में पंडवानी कलाकार कुंती का चरित्र प्रस्तुत करते हुए। कुंती अर्जुन को बता रही हैं कि कर्ण उसका भाई है। कृष्ण कहते हैं कि उन दोनों में से उसका एक पुत्र युद्ध में मारा जाएगा। चूँकि कर्ण पाप के साथ है अतः उसे ही मरना होगा।

वन पर्व प्रस्तुत करते हुए कुंती के चरित्र को प्रस्तुत करती हुई कलाकार फूलबाई।

लक्ष्मीबाई जो पंडवानी की श्रेष्ठ कलाकार रही हैं। इन्होंने भक्तिपूर्ण शैली को विकसित कर अपनी निजी शैली बनाई है।

विशाल दास पंडवानी के एक वरिष्ठ कलाकार हैं जो नाचा शैली में पंडवानी प्रस्तुत करते हैं। *इस चित्र में वे द्रोणपर्व के चक्रव्यूह प्रसंग को प्रस्तुत कर रहे हैं।*

पंडवानी कलाकार विशाल दास अर्जुन का अभिनय प्रस्तुत करते हुए।

पुनाराम निशाद जो पंडवानी के श्रेष्ठ कलाकार हैं तथा भारत के अनेक नगरों में तथा भारत के बाहर अनेक देशों में प्रस्तुतियाँ दे चुके हैं। पद्मश्री तथा अनेक सम्मानों से विभूषित।

एक युवा पंडवानी गायिका का प्रसंग प्रस्तुत करती हुई।

भीष्म पितामह का वध करने हेतु अर्जुन धनुष की प्रत्यंचा तानते हुए प्रसंग में पुनाराम निशाद अत्यन्त प्रभावशाली अभिनय द्वारा प्रस्तुत कर रहे हैं।

पुनाराम निशाद विराट पर्व के कीचक वध प्रसंग की प्रस्तुति के दृश्य में।

परसराम धीवर कर्ण पर्व का एक प्रसंग प्रस्तुत करते हुए। परशुराम द्वारा यह ज्ञात होने पर कि कर्ण एक सारथी पुत्र है उसे शाप देते हैं कि वह युद्ध में ब्रह्मास्त्र का प्रयोग करने की विद्या विस्मृत कर देगा।

चेतन देवांगन शकुनी का अभिनय प्रस्तुत करते हुए जिसमें शकुनी द्रोपदी के सौंदर्य का वर्णन करते हुए दुर्योधन से कह रहे हैं कि इस अत्यन्त रूपवती को तो तुम्हारी रानी होना चाहिए।

इस चित्र में एक पंडवानी कलाकार कौरव सेना के सेनापति के रूप में कर्ण का चरित्र प्रस्तुत कर रहे हैं।

उद्योग पर्व में कृष्ण का अभिनय प्रस्तुत करते हुए पंडवानी कलाकार इश्वरी चन्द्राकर। कौरवों द्वारा कृष्ण द्वारा समझौते का प्रस्ताव ठुकरा दिए जाने पर कृष्ण का पांडवों को युद्ध की तैयारी करने का सुझाव दिया गया। युद्ध में कृष्ण पांडवों की ओर से मुख्य राजनीतिकार थे।